雷电灾害防御
法规规章与文件汇编

李治民　钱　眺　主编

气象出版社
China Meteorological Press

图书在版编目（ＣＩＰ）数据

雷电灾害防御法规规章与文件汇编 / 李治民，钱眺
主编. -- 北京：气象出版社，2024.4
ISBN 978-7-5029-8184-6

Ⅰ．①雷… Ⅱ．①李… ②钱… Ⅲ．①防雷－安全生
产－安全法规－汇编－中国 Ⅳ．①D922.549

中国国家版本馆CIP数据核字(2024)第076815号

雷电灾害防御法规规章与文件汇编
Leidian Zaihai Fangyu Fagui Guizhang yu Wenjian Huibian

出版发行：气象出版社
地　　址：北京市海淀区中关村南大街 46 号　邮政编码：100081
电　　话：010-68407112(总编室)　010-68408042(发行部)
网　　址：http://www.qxcbs.com　　E-mail：qxcbs@cma.gov.cn
责任编辑：刘瑞婷　　　　　　　　　终　　审：吴晓鹏
责任校对：张硕杰　　　　　　　　　责任技编：赵相宁
封面设计：艺点设计
印　　刷：北京建宏印刷有限公司
开　　本：880 mm×1230 mm　1/32　　印　　张：8
字　　数：230 千字
版　　次：2024 年 4 月第 1 版　　　　印　　次：2024 年 4 月第 1 次印刷
定　　价：49.00 元

编 委 会

序

　　雷电是大气中十分壮观的超长距离放电现象,古人别致形象地称之为"霹雳""霆霓"或者"瞨睒"。雷电因其强大的电流、炙热的高温、强烈的电磁辐射以及猛烈的冲击波等物理效应,能够在瞬间产生强大的破坏作用。其常常会造成人员伤亡,击毁建筑物、供配电系统、通信设备,引起森林火灾,造成仓储、炼油厂、油田等燃烧甚至爆炸。值得注意的是,随着人类社会生产和生活中大量电子、电器和通信设备的普及应用,雷电灾害事故和损失呈现逐年上升的态势。正因为雷电灾害对人民生命财产和各行业生产安全危害程度如此之大,联合国有关部门把其列为"最严重十种自然灾害之一"。

　　习近平总书记曾强调,要坚持"人民至上、生命至上",推进安全生产法治化进程,进一步完善相关法律法规体系,加快建立安全生产长效机制。防雷安全法治化作为安全生产法治化的重要环节,其重要性自然不言而喻。近年来,防雷安全相关制度逐步健全、责任链条日益明晰、监管能力不断提升。当然,在看到成绩的同时,也要清醒地认识到,防雷安全仍处于"爬坡过坎期",防雷安全的短板仍然突出,绝对不能只重发展不顾安全,更不能将其视为无关痛痒的事。进一步说,立足新发展阶段,贯彻新发展理念,构建新发展格局,必须推出更深层次、更系统、更有力的法治措施。发展每前进一步,法治也要跟进一步,发展和法治要同步推进。防雷安全的"堤坝"筑牢守好了,方能更好地推动社会经济高质量发展。

　　近年来,"一本通"式的法律汇编广受法律实务界和理论界的青睐,它将分散在不同法律单行本而又相互关联的"砖石原料"组成一个功能清晰、搭配合理、自成体系的"建筑群",使读者对相关问题的法律法规框架"一览无余"。从某种意义上说,"一本通"式的法律汇编,其理论与实践价值甚至可以与英美法系国家对海量判例法进行的"法律重述"相媲美。这本汇编是一次尝试,也是第一本关于全国雷电灾害防御的法规规章与文件汇编。该汇编分为五个部分,依次为省级地方性法规、市级地方性法规、省级政府规章、市级政府规章、政策文件,囊括了40多部法规规章和文件。这些法条"原汁原味"地书写着20年来防雷安全法治的进程,更书写着这20年来防雷安全法治的可喜进步。

最后,希望本汇编的问世,可以给相关部门开展雷电灾害防御相关立法工作时提供参考和借鉴,也希望经由本汇编促进社会各界对雷电灾害防御立法工作的重视和关注。

2024 年 2 月 27 日

---

* 那济海,黑龙江省气象局党组书记、局长。

目 录

省级政府规章

市级政府规章

政策文件

省级地方性法规

湖北省雷电灾害防御条例

（2005年5月27日湖北省第十届人民代表大会常务委员会第十五次会议通过，根据2017年11月29日湖北省第十二届人民代表大会常务委员会第三十一次会议修正）

第一条 为了防御雷电灾害，保护公民的人身、财产安全和社会公共安全，促进经济建设和社会发展，根据《中华人民共和国气象法》和有关法律、法规，结合本省实际，制定本条例。

第二条 本省行政区域内防御雷电灾害及其相关活动，适用本条例。

本条例所称雷电灾害防御（以下简称防雷），是指对雷电灾害进行研究、监测、预警预报、防雷知识宣传教育，以及采用防雷装置，避免或者减轻雷电灾害的活动。

第三条 县级以上气象主管机构负责本行政区域内防雷管理工作。未设气象主管机构的县（市、区）的防雷管理工作，由上一级气象主管机构负责。

建设、规划、公安消防、工商行政管理、安全生产监督、质量技术监督等部门按照各自职责，协同做好有关防雷工作。

第四条 防雷工作坚持安全第一、预防为主、防治结合原则。

第五条 县级以上人民政府应当加强对防雷工作的领导，将防雷工作纳入当地经济和社会发展计划，制定并及时组织实施防雷应急预案和农村雷电灾害多发区的防雷措施，提高防雷能力。

第六条 鼓励开展防雷科学技术和防雷新产品的研究、开发和推广应用，提高防雷技术水平。对在防雷工作中做出突出贡献的单位和个人，各级人民政府或者气象主管机构应当给予表彰和奖励。

第七条　气象主管机构应当加强防雷科普教育的组织管理工作，利用各种形式和渠道定期开展公益性防雷知识宣传，增强公民的防雷意识。有关部门和新闻单位应当予以支持、配合。

机关、企业、事业单位、群众性自治组织和社区，应当结合实际，做好本单位、本地方群众性的防雷知识宣传教育。

第八条　气象主管机构应当组织对防雷技术和雷电监测预警系统的研究和开发，建立并完善雷电灾害监测、预警系统和工作规范，组织城乡雷电灾害调查、鉴定和评估，提高雷电灾害预警和防雷减灾服务能力。

气象主管机构所属的气象台站应当开展雷电监测，及时向社会发布雷电预警预报。其他任何单位和个人不得向社会发布雷电预警预报。

第九条　下列建（构）筑物、场所或者设施必须安装符合技术规范要求的防雷装置：

（一）《建筑物防雷设计规范》规定的一、二、三类防雷建（构）筑物；

（二）重要的计算机设备和网络系统、电力、通信、广播电视设施，重要的导航场所和设施；

（三）易燃、易爆物品和化学危险物品的生产、储存设施和场所；

（四）重要储备物资的库储场所；

（五）法律、法规和规章规定应当安装防雷装置的其他场所和设施。

前款规定范围以外的场所和设施，根据防雷安全的需要，可以安装防雷装置。

第十条　必须安装防雷装置的新建、扩建、改建的建（构）筑物、场所和设施，建设单位应当将防雷装置的建设纳入计划，与主体工程或者整体项目同时设计、同时施工、同时投入使用。

第十一条　从事防雷装置检测的企业和单位，必须具备相应的资质条件，并依照国家规定的资质认定权限取得省级以上气象主管机构颁发的资质证。禁止无资质或者超出资质范围承接防雷装置检测。

防雷工程专业设计、施工、防雷装置检测必须执行国家防雷标准和技术规范。

第十二条　依法必须安装防雷装置的,建设单位应当按照国家规定,将防雷设计文件和相关材料报送当地气象主管机构审核。气象主管机构应当依法出具审核意见。

未经设计审核或者审核不合格的,建设单位不得开工建设。

变更和修改防雷设计方案,应当重新报审。

第十三条　气象主管机构应当按照国家有关规定受理防雷装置设计审核申请,并自受理申请之日起十个工作日内完成审核。

第十四条　防雷工程的建设单位应当按照审核同意的设计方案进行施工,并根据施工进度,选择具有相应资质的防雷检测机构进行跟踪检测。防雷检测机构应当对隐蔽工程逐项检测,并对检测报告负责。检测报告作为竣工验收的技术依据。

第十五条　依法必须安装的防雷装置竣工后,建设单位应当依照规定向当地气象主管机构申请验收。其中新建、改建、扩建的建筑工程竣工验收时,建设单位申请当地气象主管机构对其防雷装置同时进行验收。未经验收或者验收不合格的,建设单位不得投入使用。

气象主管机构应当在受理验收申请之日起五个工作日内依法完成验收工作,出具验收结论,并建立验收档案。

第十六条　防雷装置实行定期检测制度。依法必须安装的防雷装置每年检测一次,其中易燃、易爆物品和化学危险物品的生产、储存设施和场所的防雷装置每半年检测一次。

第十七条　防雷检测机构应当在资质核定的范围内进行检测,并对检测报告负责。在检测中发现雷电灾害事故隐患的,应当及时通知委托单位,并向气象主管机构报告。

第十八条　防雷装置使用单位应当定期委托防雷检测机构进行检测,做好防雷装置的日常维护,发现事故隐患应当及时采取措施修复或者更换。任何单位和个人不得损毁或者随意变动防雷装置。

第十九条　防雷产品应当符合国家质量标准,并具有产品合格证书和使用说明书。

禁止生产、销售不符合国家强制性标准或者国家明令淘汰的防雷产品。

第二十条 遭受雷电灾害损失的单位和个人,应当及时向当地气象主管机构报告,并协助当地气象主管机构对雷电灾害情况的调查和鉴定。气象主管机构应当按照规定向当地人民政府和上级气象主管机构及时报告雷电灾情。

第二十一条 气象主管机构及其工作人员有下列行为之一的,由主管机构责令改正,并可对直接负责的主管人员或者直接责任人员给予行政处分;触犯法律的,依法承担相应的法律责任:

(一)违反规定发放防雷装置检测资质证书的;

(二)违反法定程序和技术规范对防雷装置设计进行审核的;

(三)违反法定程序和技术规范对防雷装置进行竣工验收的;

(四)有其他徇私舞弊、玩忽职守、滥用职权行为的。

第二十二条 违反本条例规定,有下列行为之一的,由县级以上气象主管机构按照权限责令限期改正,给予警告;逾期仍不改正的,可处1千元以上3万元以下的罚款;给他人造成损失的,依法承担赔偿责任:

(一)依法必须安装防雷装置而未安装的;

(二)防雷装置设计未经审核或者审核不合格擅自施工的;

(三)防雷装置竣工后未经验收或者验收不合格投入使用的;

(四)拒绝接受法定防雷检测机构对防雷装置依法实施的检测,或者擅自变动、损毁防雷装置的。

第二十三条 违反本条例规定,未取得防雷装置检测资质以及超出资质范围开展业务的,由县级以上气象主管机构责令停止违法行为,没收违法所得,并可处1千元以上1万元以下的罚款;给他人造成损失的,依法承担赔偿责任。

第二十四条 从事防雷装置检测的单位,出具虚假检测报告的,由县级以上气象主管机构责令改正,给予警告;拒不改正的,撤销其防雷装置检测资质;给他人造成损失的,依法承担赔偿责任。

第二十五条 对违反本条例的行为,法律、行政法规已有处罚规定的,从其规定。

第二十六条 本条例自2005年8月1日起施行。

湖南省雷电灾害防御条例

（2008 年 11 月 28 日湖南省第十一届人民代表大会常务委员会第五次会议通过，根据 2021 年 3 月 31 日湖南省第十三届人民代表大会常务委员会第二十三次会议修正）

第一条 为了加强雷电灾害防御（以下简称防雷）工作，保护人民生命财产和公共安全，根据有关法律、行政法规，结合本省实际，制定本条例。

第二条 在本省行政区域内从事雷电和雷电灾害的研究、监测、预警预报、防护，雷电灾害的调查、鉴定和评估等活动及其监督管理，应当遵守本条例。

第三条 县级以上人民政府应当加强对防雷工作的领导，加大防雷基础设施建设投入，鼓励开展防雷科学技术研究和防雷新产品的开发、推广、应用，提高防雷能力。

第四条 县级以上气象主管机构负责组织管理本行政区域内的防雷工作；未设气象主管机构的县（市、区）的防雷工作，由上一级气象主管机构负责。

县级以上人民政府住房和城乡建设、自然资源、应急管理、消防、市场监督管理等部门，按照各自职责，做好防雷的有关工作。

第五条 县级以上人民政府及其有关部门和气象主管机构，应当通过各种形式和渠道，加强防雷科普知识宣传，增强公民的防雷意识。新闻媒体应当支持、配合做好防雷科普知识的宣传工作。

国家机关、企业事业单位、村（居）民委员会，应当结合实际，做好本单位、本地方的防雷知识宣传工作。

中小学校应当将防雷知识纳入科普教育内容。

第六条 省、设区的市、自治州气象主管机构应当根据本行政区域内雷击发生的频次,划分雷击风险等级区域,并向社会公布;对雷击风险等级较高区域的防雷工作,应当加强指导。

第七条 气象主管机构应当加强雷电和雷电灾害的监测、预警预报系统建设,提高雷电和雷电灾害监测、预警预报的准确性、及时性。

气象主管机构所属气象台站应当加强雷电和雷电灾害的监测工作;并通过广播、电视、报纸、网络等媒体或者电话、手机短信等方式,及时向社会发布雷电灾害预警信息。对突发性的雷电灾害,广播、电视等媒体应当及时播发预警信息。

第八条 下列建(构)筑物、场所或者设施,有关单位应当按照国家规定的技术标准和技术规范安装雷电防护装置:

(一)易燃易爆等危险化学品的生产、储存场所或者设施;

(二)重要的计算机信息系统,电力、广播电视、通信设施,以及易遭受雷击的其他重要公共设施;

(三)除第(一)(二)项以外的国家《建筑物防雷设计规范》规定的一、二、三类防雷建(构)筑物。

第九条 对易燃易爆等危险化学品生产、储存场所或者设施,重要物资仓库或者重大建设工程,建设单位应当进行雷击风险评估。评估结果作为建设项目可行性论证和设计的依据。

第十条 除从事电力、通信雷电防护装置检测的单位外,凡在本省行政区域内申请雷电防护装置检测的单位,应当依法向省气象主管机构提出申请,取得气象主管机构颁发的资质证书,方可在相应的资质范围内从事雷电防护装置检测。

第十一条 防雷工程专业设计单位应当按照国家规定的防雷技术标准和技术规范进行设计。

雷电防护装置设计,应当按照国家规定的条件和程序进行审核。未经审核或者审核不合格的,建设单位不得进行防雷工程施工。

第十二条 防雷工程施工单位应当按照核准的雷电防护装置设计图纸和技术规范进行施工。

任何单位和个人不得擅自变更雷电防护装置设计。

第十三条　雷电防护装置竣工后,应当按照国家规定的条件和程序进行验收。未经竣工验收或者竣工验收不合格的,不得交付使用。

第十四条　气象主管机构进行资质认定、设计审核和竣工验收等行政许可事项,不得收取任何费用。

第十五条　按照本条例第八条规定安装的雷电防护装置投入使用后,雷电防护装置的所有者或者使用者应当按照国家有关规定,委托具有雷电防护装置检测资质的单位对雷电防护装置进行定期检测。具有雷电防护装置检测资质的单位从事电力、通信等设施的雷电防护装置检测,其检测人员应当具备电力、通信等相关方面的专业知识。

雷电防护装置检测后,雷电防护装置检测单位应当出具检测报告,并对检测报告负责;在检测中发现防雷安全隐患的,应当及时通知被检测单位进行整改。

第十六条　雷电防护装置检测单位不得从事防雷工程专业设计、施工。

雷电防护装置检测的收费标准由省人民政府价格行政主管部门核定,并向社会公布。

气象主管机构应当会同有关行政管理部门,加强对雷电防护装置检测工作的指导监督。

第十七条　防雷产品应当符合国家质量技术标准,附有产品合格证书和使用说明书。禁止生产、销售、使用不合格的和国家明令淘汰的防雷产品。

禁止向雷电防护装置建设单位、使用单位指定雷电防护装置检测、防雷工程专业设计、施工等专业技术服务单位或者防雷产品。

第十八条　建设和完善农村防雷设施。县级以上气象主管机构应当制定农村防雷设施建设规划,报当地人民政府批准并组织实施。

第十九条　农村学校和雷击风险等级较高的村民集中居住区应当安装雷电防护装置,并列入农村社会公益事业建设计划。气象主管机构应当进行指导和检查。

第二十条　县级以上气象主管机构应当会同有关部门拟订本行政区域的雷电灾害应急预案,报本级人民政府批准。

第二十一条 雷电灾害发生后,当地人民政府应当立即启动雷电灾害应急预案。

气象主管机构应当及时组织进行雷电灾害调查、鉴定和评估,并将调查结果向当地人民政府和上级气象主管机构报告。遭受雷电灾害的单位和个人,应当配合气象主管机构做好雷电灾害的调查与鉴定工作。

第二十二条 县级以上气象主管机构应当遵循公开、公平、公正和高效、便民的原则,为管理相对人提供快捷、便利和优质的服务。

县级以上气象主管机构应当切实履行监督管理职责,加强对防雷工作的监督检查,保护当事人的合法权益,受理人民群众投诉,及时查处违法行为。

第二十三条 违反本条例规定,有下列行为之一的,由县级以上气象主管机构等责令改正,没收违法所得,处三千元以上一万元以下罚款;情节严重的,处一万元以上三万元以下罚款;给他人造成损失的,依法承担赔偿责任;构成犯罪的,依法追究刑事责任。具有第(一)项行为的,省气象主管机构等应当同时撤销行政许可决定:

(一)以欺骗、贿赂等不正当手段取得雷电防护装置检测资质的;

(二)涂改、倒卖、出租、出借雷电防护装置检测资质证书,或者以其他形式非法转让雷电防护装置检测资质证书的;

(三)应当安装雷电防护装置拒不安装的。

第二十四条 违反本条例规定,有下列行为之一的,由县级以上气象主管机构或者其他相关部门责令改正,可以处五万元以上十万元以下罚款;给他人造成损失的,依法承担赔偿责任;构成犯罪的,依法追究刑事责任:

(一)雷电防护装置设计未经审核或者审核不合格,擅自施工的;

(二)无资质或超越资质许可范围从事雷电防护装置检测的;

(三)雷电防护装置未经验收或者验收不合格,擅自投入使用的;

(四)在雷电防护装置设计、施工、检测中弄虚作假的。

第二十五条 违反本条例规定,雷电防护装置检测单位出具虚假检测报告的,由县级以上气象主管机构没收违法所得,可以并处违法所得二倍以上五倍以下罚款;情节严重的,责令停业整顿直至吊销资质证书;构成犯罪的,依法追究刑事责任。

第二十六条 气象主管机构、人民政府有关部门及其工作人员在防雷工作中有下列行为之一的,对直接负责的主管人员和其他直接责任人员给予行政处分;构成犯罪的,依法追究刑事责任:

(一)违法发放雷电防护装置检测、防雷工程专业设计、施工资质证书的;

(二)违反国家规定的程序和技术规范对雷电防护装置设计进行审核或者对雷电防护装置进行竣工验收的;

(三)指定防雷专业技术服务单位或者防雷产品的;

(四)其他徇私舞弊、玩忽职守、滥用职权的行为。

第二十七条 本条例所称雷电防护装置,是指接闪器、引下线、接地装置、电涌保护器及其他连接导体的总称。

第二十八条 本条例自 2009 年 3 月 1 日起施行。

西藏自治区防雷减灾条例

（2015年1月14日西藏自治区第十届人民代表大会常务委员会第十四次会议通过）

第一章 总 则

第一条 为了防御和减轻雷电灾害,保护人民群众生命财产安全,促进经济建设和社会发展,根据《中华人民共和国气象法》及有关法律、法规,结合自治区实际,制定本条例。

第二条 在自治区行政区域内从事防雷减灾活动的单位和个人,应当遵守本条例。

本条例所称防雷减灾,是指防御和减轻雷电灾害的活动,包括雷电和雷电灾害的研究、监测、预警、防护,雷电防护装置检测以及雷电灾害的调查、应急救援、鉴定与风险评估等。

第三条 防雷减灾工作,实行安全第一、预防为主、防治结合、统一规划、统一部署、统一管理的原则。

第四条 县级以上人民政府应当加强对防雷减灾工作的组织领导,将防雷减灾经费纳入本级财政预算。

县级以上人民政府应当组织编制雷电灾害防御规划,并纳入城市总体规划。

防雷减灾工作应当纳入安全生产监督管理工作范围。

第五条 各级气象主管机构负责本行政区域内的防雷减灾工作。未设气象主管机构的县（市、区）,其防雷减灾工作由上一级气象主管机构负责。

各级人民政府相关部门应当在各自职责范围内依法做好防雷减灾

工作。

第六条 气象主管机构应当加强防雷减灾技术培训,广泛开展防雷减灾科普宣传,增强公民防雷避雷减灾意识。

中小学校应当将防雷减灾知识纳入安全教育内容,增强学生的防雷安全意识和自救互救能力。

第七条 自治区鼓励和支持防雷减灾的科学技术研究和开发,推广应用防雷科技研究成果,加强防雷标准化工作,提高防雷技术水平。

第二章 监测、预警与发布

第八条 各级人民政府应当组织气象等有关部门按照合理布局、信息共享、有效利用的原则,组建雷电监测网。

第九条 各级气象主管机构应当根据雷电灾害防御的需要开展雷电监测,及时向有关灾害防御、救助部门提供雷电监测信息。

第十条 各级气象主管机构应当加强雷电灾害预警系统建设,提高雷电灾害预警和防雷减灾服务能力。

第十一条 各级气象主管机构应当根据本行政区域内雷电发生的频次,划分雷电易发区,并向社会公布。

第十二条 雷电灾害的预报、警报、预警信号由气象主管机构所属气象台站统一向社会发布,其他组织和个人不得向社会发布雷电灾害预报、警报、预警信号。

第三章 防雷工程

第十三条 从事防雷工程专业设计和施工的单位应当具有防雷工程专业设计施工资质。防雷工程专业设计或者施工资质由自治区气象主管机构认定。

第十四条 防雷工程专业设计、施工单位应当在其资质等级许可范围内从事防雷工程专业设计、施工。

禁止无资质或者超出资质许可范围承担防雷工程专业设计或者施工。

第十五条 从事防雷工程专业设计、施工的人员,应当具备法律、法规和国家、自治区气象主管机构规定的专业技术条件。

第十六条 防雷工程施工单位应当按照核准的防雷工程设计方案施工,并接受当地气象主管机构监督和技术指导。

第十七条 自治区外的防雷工程专业设计、施工单位在自治区行政区域内从事防雷工程专业设计、施工的,应当到自治区气象主管机构登记。

第十八条 雷电防护装置设计方案应当报送当地气象主管机构审核。气象主管机构应当自收到申请之日起 10 个工作日内进行审核。符合要求的,出具核准文件;不符合要求的,提出整改意见,退回申请单位修改后重新申请审核;气象主管机构逾期不予答复的,视为同意。

变更雷电防护装置设计方案的,应当按照程序重新申请审核。

雷电防护装置设计方案未经核准的,不得开工建设。

第十九条 下列建(构)筑物、场所和设施应当安装雷电防护装置。雷电防护装置应当与主体工程同时设计、同时施工、同时投入使用:

(一)《建筑物防雷设计规范》规定的一、二、三类防雷建(构)筑物;

(二)石油、化工、燃气和民用爆破等易燃易爆物品的生产、贮存、销售等场所;

(三)通信设施、广播电视系统、计算机网络信息系统、自动控制系统;

(四)电力生产设施和输配电系统;

(五)学校、医院、机场、车站、宾馆、商场、体育场馆、影剧院等人员密集场所和露天大型娱乐设施;

(六)重要物资的储备场所;

(七)其他依法应当安装雷电防护装置的场所和设施。

第二十条 国家和自治区级重点文物保护单位的建(构)筑物安装雷电防护装置,其防雷设计应当由气象主管机构组织专家评审通过后实施。

第二十一条 县级以上人民政府、气象主管机构及有关部门应当采取综合措施加大对农牧区群众在生产活动中的防雷知识和避雷措施的宣传教育,提高农牧民群众防雷减灾意识。

气象主管机构应当推广农牧区住宅建设防雷安全使用技术标准;对农牧民集中居住区安装雷电防护装置进行指导,并提供相关服务。

第二十二条 对新建、改建、扩建建(构)筑物进行竣工验收,应当同时向气象主管机构申请防雷工程的验收。

气象主管机构接到竣工验收申请后,在 5 个工作日内,对符合要求的,出具验收文件。对不符合要求的,提出整改要求,申请单位整改后重新申请竣工验收。验收不合格的雷电防护装置,不得投入使用。

第二十三条 销售和使用的防雷产品应当符合国家标准,具有产品合格证书和使用说明书。

禁止生产、销售、安装、使用不合格的防雷产品。

第四章 雷电防护装置检测

第二十四条 雷电防护装置应当每年检测一次,其中易燃易爆场所、重点文物古迹、通信和广播电视设备的雷电防护装置应当每半年检测一次。行业标准有特殊规定的,从其规定。

第二十五条 雷电防护装置检测应当由具有防雷检测资质的检测机构进行。

雷电防护装置检测机构对雷电防护装置检测后,应当出具检测报告。在检测中发现雷电防护装置存在安全隐患的,应当及时通知被检测单位,并向当地气象主管机构报告,由气象主管机构监督整改。

雷电防护装置检测机构应当按照核定的检测项目、范围和防雷技术规范、技术标准开展检测工作。出具的雷电防护装置检测报告必须真实可靠。

第二十六条 雷电防护装置使用单位应当制定防雷安全管理制度,并按照国家防雷技术规范要求做好日常维护工作。

第二十七条 县级以上气象主管机构负责防雷检测工作的监督管理,并定期进行检查。

第五章 雷电灾害调查、应急救援与风险评估

第二十八条 各级气象主管机构应当定期统计分析本行政区域内

发生雷电灾害情况,并向当地人民政府和上级气象主管机构报告。

第二十九条　各级气象主管机构应当及时开展雷电灾害调查和鉴定,查清雷电灾害原因和性质,提出整改措施。调查和鉴定报告报同级人民政府和上级气象主管机构。

第三十条　遭受、发现雷电灾害的单位和个人,应当及时向当地人民政府或者气象主管机构报告,并配合当地气象主管机构对雷电灾害情况的调查。

各级气象主管机构应当按照规定向当地人民政府和上级气象主管机构及时报告雷电灾害情况,不得隐瞒不报、谎报或者拖延迟报。

第三十一条　雷电灾害发生地的人民政府和气象主管机构接到雷电灾害报告后,应当立即采取措施,启动雷电灾害应急救援预案,组织开展应急救援。

有关部门、单位和个人应当配合雷电灾害救援工作,为实施救援工作提供便利条件。

第三十二条　大型建设工程、重点工程、爆炸和火灾危险环境、人员密集场所等项目应当进行雷电灾害风险评估,以确保公共安全。

县级以上气象主管机构按照有关规定组织进行本行政区域内的雷电灾害风险评估工作。

第三十三条　负责规划或者建设项目审批、核准的部门应当将雷电灾害风险评估结论和专家评审通过的雷电风险评估报告纳入规划或者建设项目可行性研究的审查内容,统筹考虑雷电灾害风险评估结论。

应当进行雷电灾害风险评估的规划和建设项目,未进行或者未通过雷电灾害风险评估的,不得审批或者核准。

第六章　法律责任

第三十四条　违反本条例规定,擅自向社会发布雷电灾害预报、警报、预警信号的,由县级以上气象主管机构责令改正,给予警告,可以并处 5000 元以上 3 万元以下的罚款;构成违反治安管理行为的,依法给予处罚。

第三十五条　违反本条例规定,有下列行为之一的,由县级以上气象主管机构责令改正,给予警告,可以并处 1 万元以上 3 万元以下的罚款;给他人造成损失的,依法承担赔偿责任:

(一)安装不符合要求的雷电防护装置的;

(二)应当安装雷电防护装置而拒不安装的;

(三)拒绝接受检测或者经检测不合格又拒不整改的。

第三十六条　违反本条例规定,有下列行为之一的,由县级以上气象主管机构或者其他有关部门按照权限责令停止违法行为,处以 5 万元以上 10 万元以下的罚款;有违法所得的,没收违法所得;给他人造成损失的,依法承担赔偿责任:

(一)无资质或者超越资质许可范围从事雷电防护装置设计、施工、检测的;

(二)雷电防护装置设计未经当地气象主管机构审核或者审核未通过,擅自施工的;

(三)雷电防护装置未经当地气象主管机构验收或者验收不合格,擅自投入使用的。

第三十七条　违反本条例规定,应当进行雷电灾害风险评估的规划和建设项目未进行风险评估的,由县级以上气象主管机构责令改正,并处 5 万元以上 10 万元以下的罚款;给他人造成损失的,依法承担赔偿责任。

第三十八条　气象主管机构工作人员在防雷工作中玩忽职守、滥用职权、徇私舞弊,导致雷电灾害重大事故的,由所在单位或者上级主管机构依法给予行政处分;涉嫌犯罪的,移交司法机关处理。

第三十九条　违反本条例规定的行为,法律、法规已有处罚规定的,从其规定。

第七章　附　　则

第四十条　本条例所称防雷工程,是指通过勘查设计和安装雷电防护装置形成的雷电灾害防御工程实体。

本条例所称雷电防护装置,是指接闪器、引下线、接地装置、电涌保护器及其连接导体等构成的,用以防御雷电灾害的设施或者系统。

本条例所称雷电灾害风险评估,是指根据项目所在地的雷电及其灾害特征,对可能导致的人员伤亡、财产损失程度与危害程度等方面进行综合分析和风险计算,提出建设工程项目选址和功能分区布局、防雷类别与防雷措施的活动。

第四十一条 本条例自 2015 年 4 月 1 日起施行。

市级地方性法规

太原市雷电灾害防御条例

（2015年11月6日太原市第十三届人民代表大会常务委员会第三十五次会议通过,2016年1月20日山西省第十二届人民代表大会常务委员会第二十四次会议批准。根据2020年10月29日太原市第十四届人民代表大会常务委员会第三十六次会议修正,2020年11月27日山西省第十三届人民代表大会常务委员会第二十一次会议批准）

第一章 总 则

第一条 为了加强雷电灾害防御,有效避免和减轻雷电灾害损失,保障人民生命财产和公共安全,根据《中华人民共和国气象法》《气象灾害防御条例》《山西省气象灾害防御条例》等法律法规,结合本市实际,制定本条例。

第二条 本市行政区域内从事雷电灾害防御活动,适用本条例。

第三条 雷电灾害防御工作坚持以人为本、科学防御、政府主导、部门联动、社会参与的原则。

第四条 市、县(市、区)人民政府应当加强对雷电灾害防御工作的领导,建立健全雷电灾害防御工作的协调机制,将雷电灾害防御工作纳入公共安全监督管理的范围,为雷电监测、预报、预警、预防体系建设提供资金保障。

第五条 市、县(市、区)气象主管机构负责指导、组织和管理本行政区域内的雷电灾害防御工作。

未设气象机构的市辖区,由区人民政府指定有关部门负责雷电灾害防御工作。

发展与改革、住房和城乡建设、教育、公安、财政、文化和旅游、规划和自然资源、应急管理、市场监管、房产管理等部门按照各自职责,做好雷电灾害防御的相关工作。

第六条 市、县(市、区)气象主管机构、教育、文化和旅游以及新闻媒体等单位应当采取多种形式向社会宣传普及雷电灾害防御知识,增强公众防御雷电灾害意识,提高避险避灾、自救互救的能力。

第七条 市、县(市、区)人民政府应当组织气象主管机构及有关部门制定本行政区域内的雷电灾害应急预案,并向社会公布。

第二章 监测预警与防雷工程

第八条 市、县(市、区)人民政府应当组织气象主管机构及有关部门按照布局合理、资源共享、有效利用的原则,组建雷电监测网,研究、开发和利用先进雷电灾害防御技术。

第九条 市、县(市、区)气象主管机构应当加强雷电和雷电灾害的监测、预报和预警系统建设,提高雷电预报、预警的准确性、时效性。

广播电视、报纸、网络等媒体和通信运营单位应当及时将气象主管机构提供的预报、预警信息向社会发布。

第十条 单位和个人应当保持和保护雷电监测和预警设施的正常运行和安全,维护雷电监测的探测环境。

第十一条 市气象主管机构应当根据本行政区域内雷电灾害发生的频次,划分风险等级区域,并加强对风险等级较高区域的防御工作的指导。

第十二条 下列建(构)筑物、场所或者设施应当按照国家或者行业规定的技术标准和技术规范安装防雷装置:

(一)《建筑物防雷设计规范》规定的一、二、三类防雷建(构)筑物及其附属设施;

(二)电力、通信、广播电视、医疗卫生设施,重要的导航场所和设施;

(三)重要的计算机设备和网络系统、程控系统、卫星接收系统;

(四)学校、机场、车站、宾馆、证券市场、体育场馆、影剧院等人员密集场所和露天大型娱乐设施;

（五）粮食、石油、化工、易燃易爆物品的生产、经销等重要物资储存场所；

（六）高层建筑（一般在 30 米以上的）以及其他易遭雷击的建筑物和设施；

（七）不可移动易遭雷击的文物建筑；

（八）易遭雷击的古树名木；

（九）法律、法规规定应当安装防雷装置的其他场所和设施。

前款规定范围以外的场所和设施，根据雷电灾害防御安全的需要，可以安装防雷装置。

第十三条 新建、改建、扩建建（构）筑物场所或者设施的防雷装置，应当与主体工程同时设计、同时施工、同时投入使用。

第十四条 防雷工程专业设计单位应当按照国家或者行业规定的防雷技术标准和技术规范进行设计。

第十五条 油库、气库、弹药库、化学品仓库和烟花爆竹、石化等易燃易爆建设工程和场所，雷电易发区内的矿区、旅游景点或者投入使用的建（构）筑物、设施等需要单独安装雷电防护装置的场所，以及雷电风险高且没有防雷标准规范、需要进行特殊论证的大型项目，其雷电防护装置的设计审核和竣工验收由市、县（市、区）气象主管机构负责。

第十六条 房屋建筑、市政基础设施、公路、水路、铁路、民航、水利、电力、核电、通信等建设工程的主管部门，负责相应领域内建设工程的防雷管理。

第十七条 建设工程设计、施工、监理、检测单位以及业主单位等承担防雷工程质量安全责任。

第十八条 防雷产品应当符合国家质量技术标准，附有产品合格证书和使用说明书。禁止生产、销售、使用不合格的或者国家明令淘汰的防雷产品。

第三章 检测维护与调查鉴定

第十九条 从事防雷检测的单位，应当取得气象主管机构颁发的资质证书。

第二十条 投入使用的防雷装置实行定期检测制度。防雷装置应当每年检测一次,对易燃易爆等危险环境场所的防雷装置应当每半年检测一次。

第二十一条 防雷检测单位在检测中发现防雷装置存在安全隐患的,应当及时通知被检测单位,并向相应防雷管理机构报告。

第二十二条 防雷装置的使用单位应当制定雷电灾害防御安全管理制度,指定专人负责防雷装置的日常维护,及时消除安全隐患。

第二十三条 雷电灾害发生后,市、县(市、区)人民政府应当立即采取措施,启动雷电灾害应急预案,组织有关单位展开应急救援。

有关单位和个人应当配合雷电灾害救援工作,为实施救援工作提供便利条件。

第二十四条 市、县(市、区)人民政府和气象主管机构应当及时组织雷电灾害调查、鉴定,报上一级人民政府和气象主管机构。

市、县(市、区)气象主管机构应当定期统计分析本行政区域内发生的雷电灾害情况,提出雷电灾害防御建议,报同级人民政府和上一级气象主管机构。

遭受雷电灾害的单位和个人,应当如实提供有关情况,主动配合气象主管机构做好雷电灾害的调查与鉴定工作。

第四章　法律责任

第二十五条 违反本条例规定,有下列行为之一的,由市、县(市、区)气象主管机构按照权限责令限期改正,给予警告,可以并处以五万元以上十万元以下罚款;给他人造成损失的,依法承担赔偿责任:

(一)不具备防雷装置检测资质,擅自从事相关活动的;

(二)超出防雷装置检测资质等级,从事相关活动的。

第二十六条 违反本条例规定,有下列行为之一的,由相应防雷管理机构按照权限责令限期改正,给予警告,可以并处以一万元以上五万元以下罚款;给他人造成损失的,依法承担赔偿责任:

（一）防雷装置设计未按国家有关规定审核或者审核未通过，擅自施工的；

（二）防雷装置未按国家有关规定验收或者未取得验收合格文件，擅自投入使用的。

第二十七条 违反本条例规定，有下列行为之一的，由相应防雷管理机构按照权限责令限期改正，给予警告，可以并处以一千元以上三千元以下罚款；给他人造成损失的，依法承担赔偿责任：

（一）应当安装防雷装置而拒不安装的；

（二）已有防雷装置，拒绝进行检测或者经检测不合格又拒不整改的。

第二十八条 市、县（市、区）气象主管机构、其他国家机关及其工作人员徇私舞弊、玩忽职守、滥用职权的，依法给予行政处分；构成犯罪的，依法追究刑事责任。

第五章 附 则

第二十九条 本条例所称防雷装置，是指接闪器、引下线、接地装置、电涌保护器及其连接导体等构成的，用以防御雷电灾害的设施或者系统。

本条例所称防雷工程，是指通过勘察设计和安装雷电灾害防御装置形成的雷电灾害防御工程实体。

第三十条 本条例自 2016 年 5 月 1 日起施行。

沈阳市防御雷电灾害条例

（2009年7月24日沈阳市第十四届人民代表大会常务委员会第十二次会议通过，2009年9月26日辽宁省第十一届人民代表大会常务委员会第十一次会议批准。2017年6月23日沈阳市第十五届人民代表大会常务委员会第四十一次会议修订，2017年7月27日辽宁省第十二届人民代表大会常务委员会第三十五次会议批准）

第一章 总　则

第一条　根据《中华人民共和国气象法》等法律、法规的规定，结合本市实际，制定本条例。

第二条　本市行政区域内的雷电监测、雷电灾害预警和防御、防雷装置检测、划分雷电易发区域及其防范等级以及对雷电灾害研究、调查、鉴定和应急救援等活动，适用本条例。

第三条　市和区、县（市）人民政府领导和协调本行政区域内防御雷电灾害的工作。

市气象主管机构负责组织管理本市行政区域内防御雷电灾害工作。

各区、县（市）气象主管机构具体负责本行政区域内的防御雷电灾害工作。

市和区、县（市）人民政府其他有关部门应当按照各自职责做好防御雷电灾害的有关工作。

第四条　防御雷电灾害工作，实行安全第一、预防为主、防治结合的原则。

第五条　市和区、县（市）人民政府应当组织编制防御雷电灾害规划，并纳入城市总体规划。

市和区、县（市）人民政府应当将防御雷电灾害经费纳入本级财政预算，保证防雷电灾害经费的投入，提高雷电灾害监测预警和防御能力。

第六条　市和区、县（市）人民政府应当鼓励和支持防御雷电灾害科学技术研究，推广和应用先进的防御雷电灾害技术，宣传普及防御雷电灾害的科学知识，增强全社会防御雷电灾害意识。

第二章　雷电灾害监测预警和防雷工程

第七条　市和区、县（市）人民政府应当加强本行政区域内雷电监测与预警系统的建设；组织编制本地区雷电灾害应急预案。

第八条　市和区、县（市）气象主管机构应当加强雷电监测、预报预警，雷电灾害调查鉴定和防雷科普宣传，划分雷电易发区域及其防范等级并及时向社会公布。

第九条　任何组织和个人不得侵占、毁坏或者擅自移动雷电监测和预警设施，不得危害雷电监测的探测环境。

第十条　下列场所或者设施，应当按照国家规定的技术标准和技术规范安装防雷装置：

（一）易燃易爆等危险化学品的生产、储存场所或者设施；

（二）重要的计算机信息系统、电力、广播电视、通信设施，以及易遭受雷击的其他重要公共设施；

（三）国家《建筑物防雷设计规范》规定的一、二、三类防雷建筑物、构筑物。

第十一条　新建、改建和扩建工程安装防雷装置，必须与主体工程同时设计、同时施工、同时投入使用。

防雷装置的建设投资，应当纳入建设项目概算。

第十二条　防雷装置的设计、施工应当符合有关的技术标准和规范。

禁止将防雷工程转包或者违法分包。

第三章　防雷装置设计审核和竣工验收

第十三条　防雷装置设计审核和竣工验收职责如下：

（一）市和区、县（市）气象主管机构负责组织管理本行政区域内油库、气库、弹药库、化学品仓库、烟花爆竹、石化等易燃易爆建设工程和场所，雷电易发区内的矿区、旅游景点或者投入使用的建（构）筑物、设施等需要单独安装雷电防护装置的场所，以及雷电风险高且没有防雷标准规范、需要进行特殊论证的大型项目的防雷装置设计审核和竣工验收许可。防雷装置设计未经审核或者审核不合格的，不得施工；防雷装置未经竣工验收或者验收不合格的，不得投入使用。

（二）建设主管部门负责将房屋建筑工程和市政基础设施工程防雷装置设计审核、竣工验收许可，整合纳入建筑工程施工图审查、竣工验收备案。

（三）公路、水路、铁路、民航、水利、电力、核电、通信等专业建设工程防雷管理，由各专业部门负责。

各相关部门应当按照谁审批、谁负责、谁监管的原则，履行建设工程防雷监管职责，采取有效措施，明确和落实建设工程设计、施工、监理、检测单位以及业主单位等在防雷工程质量安全方面的主体责任。

第十四条　向市或者区、县（市）气象主管机构申请防雷装置设计审核的，应当提交防雷装置设计、施工图和《防雷装置设计审核申请书》。

第十五条　气象主管机构受理防雷装置设计审核申请，应当自受理申请之日起五个工作日内完成审核工作。对审核合格的，颁发《防雷装置设计核准意见书》；对审核不合格的，出具《防雷装置设计修改意见书》。

经审核不合格的，设计单位进行设计修改后，按照原程序重新申请审核。

第十六条　防雷工程的施工应当按照气象主管机构核准的设计方案进行，不得擅自变更。确需变更和修改设计的，应当重新履行审核手续。

第十七条 向市或者区、县(市)气象主管机构申请防雷装置竣工验收,应当提交下列资料:

(一)《防雷装置竣工验收申请书》;

(二)《防雷装置设计核准意见书》;

(三)防雷工程竣工图。

第十八条 气象主管机构受理防雷装置竣工验收申请,应当自受理申请之日起七个工作日内完成验收工作。对验收合格的,颁发《防雷装置验收意见书》;对验收不合格的,出具《防雷装置整改意见书》。

经验收不合格的,整改完成后,按照原程序重新申请验收。

第四章 防雷装置检测

第十九条 对已投入使用的防雷装置实行定期检测制度。防雷装置检测应当每年进行一次。

易燃易爆场所的防雷装置检测应当每半年进行一次。

第二十条 防雷装置检测,必须由具有相应防雷装置检测资质的专门机构进行。

第二十一条 防雷装置检测,应当按照有关法律、法规和技术标准、规范进行,并按照规定出具检测报告。检测报告应当真实、准确、公正。

第二十二条 防雷装置的产权人或者使用人应当做好防雷装置的日常维护工作。防雷装置存在隐患或者发生故障,应当及时修复,并向具有防雷检测资质的机构申请重新检测。

第二十三条 对防雷装置检测不合格的,气象主管机构应当责令其限期改正,并对整改情况进行监督检查。

第五章 雷电灾害应急救援

第二十四条 发现雷电灾害的单位和个人,应当及时向当地人民政府和气象主管机构报告。

有关单位和人员对雷电灾害不得迟报、谎报、瞒报、漏报。

　　第二十五条　市和区、县(市)人民政府接到雷电灾害报告后,应当立即采取措施,启动雷电灾害应急救援预案,组织有关单位展开应急救援。

　　有关单位和个人应当配合雷电灾害救援工作,为实施救援工作提供便利条件。

　　第二十六条　雷电灾害发生后,市和区、县(市)人民政府应当组织气象主管机构和其他有关部门对灾害发生的情况迅速展开调查,对灾害造成人员伤亡和重大财产损失的情况进行登记、鉴定,查明灾害的性质和责任,提出整改措施,追究责任单位和责任人员的责任。

　　受灾单位和个人应当配合调查工作,如实提供有关情况。

　　第二十七条　气象主管机构应当及时向当地人民政府和上级气象主管机构上报本行政区域内的重大雷电灾情和年度雷电灾害情况。

第六章　法律责任

　　第二十八条　违反本条例规定,侵占、毁坏或者擅自移动雷电监测和预警设施的,由市或者区、县(市)气象主管机构责令停止违法行为,限期恢复原状或者采取其他补救措施,逾期拒不恢复原状或者采取其他补救措施的,对违法单位处一万元以上五万元以下的罚款,对违法个人处一百元以上一千元以下的罚款;造成损失的,依法承担赔偿责任;违反治安管理处罚法的,由公安机关给予治安管理处罚;构成犯罪的,依法追究刑事责任。

　　第二十九条　违反本条例规定,有下列行为之一的,由市或者区、县(市)气象主管机构责令改正,给予警告,可以并处一万元以上三万元以下的罚款;造成损失的,依法承担赔偿责任;构成犯罪的,依法追究刑事责任:

　　(一)应当安装防雷装置而拒不安装的;

　　(二)拒绝进行防雷装置检测或者经检测不合格又拒不整改的;

　　(三)对重大雷电灾害事故隐瞒不报的。

第三十条　违反本条例规定,有下列行为之一的,由市或者区、县(市)气象主管机构责令改正,给予警告,可以并处五万元以上十万元以下的罚款;造成损失的,依法承担赔偿责任;构成犯罪的,依法追究刑事责任:

(一)不具备防雷装置检测资质,擅自从事防雷装置检测的;

(二)超出防雷装置检测资质等级从事相关活动的;

(三)防雷装置设计未经当地气象主管机构审核或者审核未通过,擅自施工的;

(四)防雷装置未经当地气象主管机构验收或者未取得验收文件,擅自投入使用的。

第三十一条　违反本条例规定,导致雷击造成火灾、爆炸、人员伤亡以及国家财产重大损失的,由主管部门给予直接责任人员行政处分;构成犯罪的,依法追究刑事责任。

第三十二条　防雷工作人员由于玩忽职守,导致重大雷电灾害事故的,由所在单位依法给予行政处分;致使国家利益和人民生命财产遭到重大损失,构成犯罪的,依法追究刑事责任。

第三十三条　当事人对行政处罚决定不服的,可以依法申请行政复议或者提起行政诉讼;逾期不申请行政复议也不提起行政诉讼又不履行行政处罚决定的,由做出处罚决定的气象主管机构申请人民法院强制执行。

第七章　附　　则

第三十四条　本条例所称防雷装置,是指用于对建筑物进行雷电防护的整套装置,由外部防雷装置和内部防雷装置组成。

第三十五条　本条例自 2017 年 9 月 1 日起施行。

大庆市雷电灾害防御条例

（2022年12月27日大庆市第十一届人民代表大会常务委员会第八次会议通过，2023年4月27日黑龙江省第十四届人民代表大会常务委员会第二次会议批准）

第一条 为了加强雷电灾害防御，避免、减轻雷电灾害损失，保障人民生命财产安全和公共安全，促进经济社会发展，根据《中华人民共和国气象法》《气象灾害防御条例》《黑龙江省气象灾害防御条例》等法律、法规，结合本市实际，制定本条例。

第二条 本市行政区域内从事雷电灾害防御活动，适用本条例。

第三条 雷电灾害防御工作应当坚持以人为本、预防为主、防治结合、政府主导、部门联动、社会参与的原则。

第四条 市、县（区）人民政府应当加强对雷电灾害防御工作的组织、领导和协调，将雷电灾害防御工作纳入本级国民经济和社会发展规划、公共安全体系和应急管理体系，建立健全工作协调机制。建立由气象主管机构牵头，有关部门和单位参加的联席会议制度，协调解决雷电灾害防御工作中的重大问题。

乡（镇）人民政府、街道办事处应当确定人员，协助气象主管机构和其他有关部门开展雷电灾害防御科普知识宣传、应急联络、信息传递、灾害报告和灾情调查等工作。

第五条 市气象主管机构负责组织管理和指导监督全市的雷电灾害防御工作。县气象主管机构负责组织管理本行政区域内雷电灾害防御工作。

发展和改革、工业和信息化、住房和城乡建设、交通运输、水务、农业农村、教育、应急管理、公安机关、城市管理、民政、市场监督管理、科学技术、卫生健康、体育、文化广电和旅游等相关部门,按照各自职责,做好雷电灾害防御相关工作。

第六条 市、县气象主管机构应当加强雷电和雷电灾害的监测、预报、预警系统建设,提高雷电和雷电灾害监测、预报、预警的准确性、及时性。

第七条 市、县(区)人民政府应当根据本地雷电灾害特点,组织编制雷电灾害防御应急预案,开展雷电灾害应急演练和科普知识宣传,增强社会公众防御雷电意识,提高应急救援能力。

居(村)民委员会应当协助本地人民政府做好雷电灾害防御应急演练和科普知识宣传工作。

第八条 各类建(构)筑物、场所和设施安装雷电防护装置应当符合国家有关防雷标准的规定。

新建、改建、扩建(构)筑物、场所和设施的雷电防护装置,应当与主体工程同时设计、同时施工、同时投入使用。

雷电防护装置未经设计审核或者设计审核不合格的,不得施工;未经竣工验收或者竣工验收不合格的,不得交付使用。

第九条 建设工程设计、施工、监理、检测单位以及业主单位等依法承担相应的防雷工程质量安全主体责任。

第十条 市、县气象主管机构负责下列建设工程、场所和大型项目雷电防护装置的设计审核、竣工验收和投入使用后的监督管理:

(一)油库、气库、弹药库、化学品仓库和烟花爆竹、石化等易燃易爆建设工程和场所;

(二)雷电易发区内的矿区、旅游景点或者投入使用的建(构)筑物、设施等需要单独安装雷电防护装置的场所;

(三)雷电风险高且没有防雷标准规范、需要进行特殊论证的大型项目。

第十一条 住房和城乡建设部门负责将房屋建筑工程和市政基础设施工程雷电防护装置的设计审核、竣工验收,纳入建筑工程施工图审查、竣工验收备案。

房屋建筑工程和市政基础设施工程雷电防护装置投入使用后的监督管理职责,由住房和城乡建设部门负责。

第十二条 公路、水路、铁路、民航、水利、电力、通信等建设工程雷电防护装置的设计审核、竣工验收和投入使用后的监督管理职责,由各相应领域的建设工程主管部门负责。

第十三条 雷电防护装置的所有权人或者受托人应当对雷电防护装置进行日常维护、保养,委托具备资质的单位进行定期检测,发现雷电防护装置存在隐患或者发生故障的,应当及时修复或者更换,保障雷电防护装置安全有效运行。

生产、储存易燃易爆物品场所的雷电防护装置应当每半年检测一次,其他雷电防护装置应当每年检测一次。行业标准有特殊规定的,从其规定。

雷电防护装置的所有权人或者受托人应当做好维护、保养、检测和整改记录,建立维护档案,档案保存期限不少于五年。

第十四条 安装雷电防护装置的生产经营单位应当在生产安全事故应急救援预案中明确雷电灾害防御相关内容,按照规定定期组织包含雷电灾害防御内容的应急演练。

第十五条 雷电防护装置检测单位应当按照资质等级承担相应的雷电防护装置检测工作,执行国家有关标准和规范,对出具的检测报告的准确性、真实性负责。禁止无资质或者超越资质许可范围从事雷电防护装置检测。

第十六条 遭受雷电灾害的单位和个人,应当及时向当地气象主管机构报告,并协助当地气象主管机构对雷电灾害进行调查与鉴定。

第十七条 倡导单位和个人对雷电灾害参加保险,因保险理赔需要气象灾害证明的,雷电灾害发生地气象主管机构应当无偿出具。

第十八条 违反本条例规定,有下列行为之一的,由县级以上气象主管机构、住房和城乡建设或者其他有关部门按照权限责令改正,给予警告,可以处一万元以上三万元以下罚款;给他人造成损失的,依法承担赔偿责任:

(一)应当安装雷电防护装置而拒不安装的;

(二)使用不符合国家有关防雷标准规定的雷电防护装置或者产品的;

（三）已有雷电防护装置，不按照规定进行检测或者经检测不合格且拒不整改的；

（四）对重大雷电灾害事故隐瞒不报的。

第十九条　违反本条例规定，有下列行为之一的，由县级以上气象主管机构、住房和城乡建设或者其他有关部门按照权限责令停止违法行为，处五万元以上十万元以下罚款；有违法所得的，没收违法所得；给他人造成损失的，依法承担赔偿责任：

（一）无资质或者超越资质许可范围从事雷电防护装置检测的；

（二）在雷电防护装置设计、施工、检测中弄虚作假的；

（三）雷电防护装置未经设计审核或者设计审核不合格施工的；

（四）雷电防护装置未经竣工验收或者竣工验收不合格交付使用的。

第二十条　气象主管机构、住房和城乡建设或者其他有关部门及其工作人员在雷电灾害防御工作中滥用职权、徇私舞弊、玩忽职守或者有其他不履行、不正确履行职责行为的，由相应主管机关按照相关规定处理。

第二十一条　法律、法规对雷电灾害防御已有规定的，从其规定。

第二十二条　本条例下列用语的含义：

（一）雷电灾害，是指由于直击雷、雷电感应、雷电波侵入、雷击电磁脉冲等造成的人员伤亡、财产损失；

（二）雷电灾害防御，是指防御和减轻雷电灾害的活动，包括雷电和雷电灾害的研究、监测、预报、预警、风险评估、防护以及雷电灾害的调查、鉴定等；

（三）雷电防护装置，是指接闪器、引下线、接地装置、电涌保护器及其连接导体等构成的，用以防御雷电灾害的设施或者系统。

第二十三条　本条例自 2023 年 7 月 1 日起施行。

鸡西市防御雷电灾害管理条例

(2021年9月1日鸡西市第十五届人民代表大会常务委员会第四十八次会议通过,2021年10月29日黑龙江省第十三届人民代表大会常务委员会第二十八次会议批准)

第一条 为防御雷电灾害,保护人民群众生命财产安全,促进经济社会发展,根据《中华人民共和国气象法》《气象灾害防御条例》等法律、法规的有关规定,结合本市实际,制定本条例。

第二条 在本市行政区域内从事防御雷电灾害以及相关行政管理活动,适用本条例。

第三条 防御雷电灾害工作,实行安全第一、预防为主、防治结合、政府主导、部门联动、多方参与的原则。

第四条 市、县(市)区人民政府应当加强对防御雷电灾害工作的组织领导,建立健全协调机制,督促有关部门和单位依法履行防御雷电灾害管理职责,将防御雷电灾害纳入公共安全监督管理工作,所需经费纳入本级财政预算。

乡(镇)人民政府、街道办事处应当加强对本行政区域内生产经营单位防御雷电灾害安全状况的监督检查,协助上级人民政府有关部门依法履行防御雷电灾害监督管理职责。

第五条 市气象主管机构负责组织管理和指导监督全市的防御雷电灾害工作。县(市)气象主管机构负责组织管理本行政区域内的防御雷电灾害工作。

市、县(市)气象主管机构应当加强雷电监测、预报预警和雷电灾害调查鉴定等工作,负责易燃易爆等相应领域建设工程、场所的防御雷电灾害监督管理工作。

发改、住建、交通运输、水务等部门负责本行政区域相应领域内建设工程的防御雷电灾害监督管理工作。应急、城管、教育、文化旅游、卫生健康、市场监管、农业农村、科技等部门按照各自职责,做好有关防御雷电灾害工作。

第六条 市、县(市)气象主管机构及有关部门应当利用各类大众传播媒介向社会宣传普及防御雷电灾害知识,增强公众防御雷电灾害意识和自救互救能力。

学校应当把防御雷电灾害知识纳入教育内容,培养和增强学生防御雷电灾害意识和自救互救能力。教育、气象、科技等部门应当给予指导和监督。

鼓励法人和其他组织结合实际开展防御雷电灾害知识科普宣传。

第七条 市、县(市)人民政府应当统筹规划,合理布局,建立完善雷电监测站网。气象主管机构及有关部门应当有效利用站网资源,并实现信息共享。

市、县(市)气象主管机构应当加强雷电监测和预警系统建设,提高雷电灾害监测预警和防御雷电灾害服务能力。

第八条 市、县(市)气象主管机构所属气象台站应当加强雷电灾害性天气监测,及时发布雷电灾害预报预警信息。其他组织和个人不得以任何形式向社会发布。

报纸、广播、电视等媒体应当及时、准确、无偿将气象主管机构所属气象台站提供的雷电灾害预报预警信息向社会公布,对重大雷电天气的补充预报预警信息,有关媒体应当及时插播或者增播。

第九条 各类建(构)筑物、场所和设施安装雷电防护装置应当符合国家有关防雷标准的规定。新建、改建、扩建建(构)筑物、场所和设施的雷电防护装置应当与主体工程同时设计、同时施工、同时投入使用。

新建、改建、扩建建设工程雷电防护装置的设计、施工,可以由取得相应建设、公路、水路、铁路、民航、水利、电力、核电、通信等专业工程设计、施工资质的单位承担。

第十条 市、县(市)气象主管机构依法负责下列工程、场所雷电防护装置的设计审核和竣工验收：

（一）油库、气库、弹药库、化学品仓库和烟花爆竹、石化等易燃易爆建设工程和场所；

（二）雷电易发区内的矿区、旅游景点或者投入使用的建（构）筑物、设施等需要单独安装雷电防护装置的场所；

（三）雷电风险高且没有防雷标准规范、需要进行特殊论证的大型项目。

雷电防护装置未经设计审核或者设计审核不合格的，不得施工；未经竣工验收或者竣工验收不合格的，不得交付使用。

房屋建筑工程和市政基础设施工程雷电防护装置的设计审核、竣工验收由住建部门监管。公路、水路、铁路、民航、水利、电力、核电、通信等专业建设工程的防雷管理，由各专业部门负责。

第十一条 雷电防护装置检测机构应当依法取得相应的资质证书，并按照资质等级承担相应的雷电防护装置检测工作。从事雷电防护装置检测的技术人员应当具备相应检测能力，并按照国家有关标准和技术规范开展检测工作。

禁止无资质机构和不具备相应检测能力人员从事雷电防护装置检测工作。

第十二条 已投入使用的雷电防护装置所有权人或者管理人应当承担雷电防护装置管理主体责任，对雷电防护装置进行日常维护，委托具备相应雷电防护装置检测资质的单位按照规定进行定期检测，做好维护、检测、整改记录，保持安全防护性能良好。

生产、储存易燃易爆物品的场所的防雷装置，应当每半年检测一次；其他防雷装置应当每年检测一次。

安装雷电防护装置的生产经营单位应当在生产安全事故应急救援预案中明确防御雷电灾害相关内容，每年至少组织一次包含防御雷电灾害应急内容的演练，建立健全防御雷电灾害安全事故隐患排查治理制度。

第十三条 单位和个人遭受雷电灾害，应当及时向当地气象主管机构报告。

气象主管机构接到雷电灾情报告后，应当及时开展雷电灾害调查和鉴定,查清并确定雷电灾害原因和性质,提出整改措施,并按照相关规定及时报告同级人民政府和上级气象主管机构,通报同级有关管理部门。气象主管机构进行雷电灾害调查和鉴定时,有关部门、单位和个人应当予以配合,如实提供相关情况。

市、县(市)区人民政府接到雷电灾情报告后,应当根据灾情程度组织有关部门迅速启动雷电灾害应急救援预案。

第十四条 任何单位违反本条例规定,受到行政处罚的,相关信息按照规定纳入公共信用信息系统,根据国家有关规定向社会公布。

第十五条 违反本条例规定,有下列情形之一的,由气象主管机构责令改正,国家、省有关法律、法规和规章规定给予行政处罚的,按照有关规定予以处罚;给他人造成损失的,依法承担赔偿责任:

(一)擅自向社会发布雷电灾害预报预警信息的;

(二)应当安装雷电防护装置而拒不安装的;

(三)依法应由气象主管机构负责设计审核的雷电防护装置未经设计审核或者设计审核不合格施工的;

(四)依法应由气象主管机构负责竣工验收的雷电防护装置未经竣工验收或者竣工验收不合格交付使用的;

(五)使用不符合要求的雷电防护装置或者产品的;

(六)未按照要求对雷电防护装置进行检测或者经检测不合格又拒不整改的;

(七)在雷电防护装置检测活动中弄虚作假的。

第十六条 有关机构和部门工作人员在防御雷电灾害工作中违反本条例规定,滥用职权、玩忽职守、徇私舞弊的,由所在单位或者相关部门依法依规予以处理。

第十七条 本条例中下列用语的含义:

(一)雷电灾害是指由于直击雷、雷电感应、雷电波侵入、雷击电磁脉冲等造成的人员伤亡、财产损失。

(二)雷电防护装置是指接闪器、引下线、接地装置、电涌保护器及其连接导体等构成的,用以防御雷电灾害的设施或者系统。

第十八条 本条例自 2022 年 1 月 1 日起施行。

淮南市防御雷电灾害条例

（2004年8月19日淮南市第十三届人民代表大会常务委员会第十四次会议通过，2004年10月19日安徽省第十届人民代表大会常务委员会第十二次会议批准。根据2018年4月18日淮南市第十六届人民代表大会常务委员会第三次会议修改，2018年6月1日安徽省第十三届人民代表大会常务委员会第三次会议修正）

第一条 为了防御雷电灾害，保护国家利益和人民群众生命财产安全，促进经济和社会发展，依据《中华人民共和国气象法》等有关法律、法规，结合本市实际，制定本条例。

第二条 本条例适用于本市行政区域内防御雷电灾害的活动。

第三条 本条例所称雷电灾害是指因直击雷、雷电感应、雷电波侵入等造成的人员伤亡、财产损失。

第四条 防御雷电灾害工作，实行预防为主、防治结合的方针，坚持统一规划、统一部署、统一管理的原则。

第五条 市、县气象主管机构负责组织管理和指导防御雷电灾害工作。

城乡建设、交通运输、水利、电力、通信等有关部门和单位应当按照各自职责做好防御雷电灾害工作。

第六条 气象主管机构应当制定防御雷电灾害应急预案，并报同级人民政府备案。

煤炭、电力、化工、通信、金融、石油等大中型企业应当在气象主管机构的监督指导下，做好本企业的防雷减灾工作，制定防御雷电灾害应急预案，并报气象主管机构备案。

第七条 气象主管机构应当会同有关部门加强防御雷电灾害的科普宣传和科技咨询工作,普及防御雷电灾害科学知识,提高公民防御雷电灾害的能力。

第八条 下列场所和建筑物、构筑物等设施应当安装防雷装置:

(一)《建筑物防雷设计规范》规定的一、二、三类防雷建筑物;

(二)高度15米以上的烟囱、水塔等孤立的高耸的建筑物、构筑物;

(三)加油站、油库、液化石油气站、天然气门站和危险品仓库等易燃易爆品贮存设施;

(四)煤炭、电力、化工主要生产设施和输配电系统;

(五)邮电通信、交通运输、广播电视、医疗卫生、金融证券、计算机信息系统等社会公共服务系统的主要设施;

(六)其他法律、法规、规章和有关国家技术标准规定应当安装防雷装置的场所或设施。

第九条 防雷装置检测单位,应当具备相应的资质。

防雷装置检测单位应当按照资质许可范围从事防雷装置检测工作,禁止无资质或者超越资质许可范围从事防雷装置检测。

第十条 防雷工程设计应当根据雷电活动的规律和地理、地质、土壤、环境等外界条件,结合雷电危害对象的防护范围和目的,严格按照国家防雷设计规范进行设计。

第十一条 气象主管机构负责本行政区域内油库、气库、弹药库、化学品仓库、烟花爆竹、石化等易燃易爆建设工程和场所,雷电易发区内的矿区、旅游景点或者投入使用的建(构)筑物、设施等需要单独安装雷电防护装置的场所,以及雷电风险高且没有防雷标准规范、需要进行特殊论证的大型项目的防雷装置设计审核和竣工验收许可。防雷装置设计未经审核或者审核不合格的,不得施工;防雷装置未经竣工验收或者竣工验收不合格的,不得投入使用。

城乡建设部门负责将房屋建筑工程和市政基础设施工程防雷装置设计审核、竣工验收许可,整合纳入建筑工程施工图审查、竣工验收备案。

公路、水路、铁路、水利、电力、通信等专业建设工程防雷管理,由各专业部门负责。

第十二条 防雷工程施工单位应当按照审核同意的防雷装置设计文件进行施工,并接受审核单位的监督。

在施工过程中需变更和修改原防雷装置设计文件的,应当按照原审批程序重新办理审批手续。

第十三条 防雷装置的使用单位或者物业管理单位应当做好防雷装置的日常维护工作,发现防雷装置存在隐患或者发生故障,应当及时修复,并向具有防雷装置检测资质的机构申请重新检测。

第十四条 防雷装置实行定期检测制度。防雷装置检测每年一次,其中油库、气库、化学品仓库、加油站及其他易燃易爆物品的生产、销售、贮存场所的防雷装置,每半年检测一次。行业标准有特殊规定的,从其规定。

气象主管机构应当会同有关部门加强防雷装置检测工作的指导。

第十五条 遭受雷电灾害的单位,应当在24小时内向气象主管机构报告,并及时做好救灾工作,协助有关部门做好灾情调查、鉴定和处理工作。

气象主管机构应当自接到雷电灾情报告之日起15日内作出雷电灾害鉴定书,并通报有关部门。

第十六条 违反本条例规定,有下列行为之一的,由气象主管机构或者其他有关部门按照权限责令停止违法行为,处五万元以上十万元以下的罚款;有违法所得的,没收违法所得;给他人造成损失的,依法承担赔偿责任:

(一)无资质或者超越资质许可范围从事防雷装置检测的;

(二)防雷装置设计文件未经审核或者审核不合格,以及变更设计未按照规定报批,擅自施工的;

(三)防雷装置未经竣工验收或者竣工验收不合格交付使用的。

第十七条 违反本条例规定,造成雷电灾害的,应追究有关单位及其责任人员的行政责任;构成犯罪的,依法追究刑事责任。

第十八条 气象主管机构和城乡建设、交通运输、水利、电力、通信等有关部门和单位及其管理人员玩忽职守、滥用职权、以权谋私的,依法给予处分；构成犯罪的，依法追究刑事责任。

第十九条　本条例所称防雷装置是指由接闪器、引下线、接地装置、电涌保护器以及其他连接导体等构成的防雷设施的总称。

本条例所称防雷工程是指防御和减轻雷电灾害的系统装置建设项目，包括直击雷防护工程和雷电感应防护工程。

第二十条　本条例具体应用中的问题由市气象主管机构负责解释。

第二十一条　本条例自 2005 年 1 月 1 日起施行。

南昌市防雷减灾条例

（2005 年 8 月 31 日南昌市第十二届人民代表大会常务委员会第三十六次会议通过,2005 年 9 月 23 日江西省第十届人民代表大会常务委员会第十七次会议批准）

第一章 总 则

第一条 为了防御和减轻雷电灾害,保护人民生命财产安全,维护公共安全,促进经济和社会发展,根据《中华人民共和国气象法》《江西省实施〈中华人民共和国气象法〉办法》等有关法律、法规的规定,结合本市实际,制定本条例。

第二条 在本市行政区域内从事防雷减灾活动的单位和个人,应当遵守本条例。

本条例所称防雷减灾,是指防御和减轻雷电灾害的活动,包括雷电和雷电灾害的研究、监测、预警、防护以及雷电灾害的调查、鉴定和评估等。

第三条 防雷减灾工作实行安全第一、预防为主、防治结合的原则。

第四条 市、县人民政府应当加强对防雷减灾工作的领导,组织有关部门采取相应措施,做好防雷减灾工作,提高防雷减灾的能力。

市、县人民政府应当组织有关部门制定本行政区域雷电灾害应急预案。

第五条 市气象主管机构负责组织管理本市防雷减灾工作,并具体负责组织管理各区的防雷减灾工作。

县气象主管机构按照职责分工负责组织管理所辖区域内的防雷减灾工作。

发展和改革、建设、规划、安全生产监督、公安、质量技术监督等有关行政管理部门应当按照各自职责,做好防雷减灾工作。

第二章　监测和预警

第六条　市、县人民政府应当组织有关部门编制雷电灾害防御规划,加强防雷减灾工程和基础设施建设,健全雷电灾害防御体系。

第七条　气象主管机构应当组织本行政区域内的雷电监测网和预警系统建设。

气象主管机构应当通过广播、电视、移动通信、互联网等媒体及时向社会发布雷电预警信息,并在城市的显著位置设立发布预警信号的电子显示牌。

第八条　气象主管机构应当按照雷电监测资料共享、共用的原则,根据国家有关规定,与其他从事雷电监测的机构交换雷电监测资料。

第九条　任何组织或者个人不得侵占、损毁或者擅自移动雷电监测和预警设施,不得危害雷电监测的探测环境。

第三章　防雷装置

第十条　下列场所和设施应当安装雷电灾害防护装置(以下简称防雷装置):

(一)《建筑物防雷设计规范》规定的一、二、三类建(构)筑物;

(二)石油、化工、烟花爆竹等易燃易爆物品生产或者贮存场所;

(三)电力生产设施和输配电系统;

(四)通信设施、广播电视系统和电子信息系统;

(五)法律、法规、规章和防雷技术规范规定应当安装防雷装置的其他场所和设施。

在前款规定的场所和设施安装太阳能接收装置的,应当采取有效的防雷措施。

第十一条　安装防雷装置的设计、施工单位应当具备法律和行政法规规定的相应设计、施工资质。

第十二条 防雷工程设计或者施工单位,应当按照相应的资质等级从事防雷工程设计或者施工。禁止无资质或者超出资质等级从事防雷工程设计或者施工。

安装防雷装置应当符合国务院气象主管机构规定的使用要求。防雷装置的设计应当符合国家有关的技术标准和规范,行业标准有特殊规定的,还应当符合行业标准。

第十三条 防雷装置的投资应当纳入建设项目概算,防雷装置应当与主体工程同时设计、同时施工、同时投入使用。

第十四条 防雷装置设计实行审核制度。设计方案未经审核或者审核不合格的,不得交付施工。

防雷装置设计与建筑物设计同时进行的,由建设单位将设计方案报送建设行政管理部门,建设行政管理部门受理后,转送气象主管机构对防雷装置设计进行审核;已建成的建筑物再安装防雷装置以及单独安装防雷装置的,防雷装置设计由建设单位报送气象主管机构审核。

重点建设工程应当提交雷击风险评估报告书。

第十五条 气象主管机构应当自收到防雷装置设计审核申请之日起15日内完成审核并出具审核意见书。经审核不符合国家有关技术标准和规范以及行业标准的,建设单位应当按照审核意见修改并重新申请审核。

经审核同意的防雷装置设计方案确需变更的,建设单位应当报经原审核气象主管机构同意。

第十六条 防雷装置施工时,建设单位应当委托防雷装置检测单位对基础接地体、分层柱筋引下线、天面避雷网格等隐蔽工程进行逐项检测。检测不合格的,建设单位应当及时整改。

第十七条 从事防雷装置检测的单位应当依法取得气象主管机构颁发的防雷装置检测资质证书。

防雷装置检测单位应当执行国家有关技术标准和规范以及行业标准,保证防雷检测报告的真实性、科学性、公正性,对检测结果负责。

未取得防雷装置检测资质证书的,不得从事防雷装置的检测。

第十八条 防雷装置竣工后,应当按照国家有关规定组织验收。验收合格的,方可交付使用;未经验收或者验收不合格的,不得交付使用。

第十九条 防雷装置使用单位和个人对投入使用后的防雷装置应当定期检测。其中,建筑物防雷设计规范规定的一、二类建(构)筑物和本条例第十条第(二)至(四)项所列场所和设施的防雷装置,每年检测一次;其他防雷装置的检测按照国家和省有关规定执行。

防雷装置使用单位和个人应当委托防雷装置检测单位进行检测,防雷装置检测单位应当在检测后出具检测报告书。检测不合格的,防雷装置使用单位和个人应当及时整改。

第二十条 防雷装置使用单位应当建立健全防雷减灾安全责任制度,并指定专人或者物业管理单位负责防雷装置的维护,发现隐患应当及时处理。

气象主管机构应当加强对防雷装置使用单位维护人员的技术培训和指导。

第二十一条 气象主管机构应当加强对防雷装置使用和维护情况的监督检查,发现违反防雷减灾管理规定或者雷击安全隐患,应当及时通知有关单位或者个人采取措施,限期改正;发现重大雷击安全隐患,应当及时向有关单位和个人发出整改通知书,限期整改,必要时,应当向所在地县级以上人民政府和上级气象主管机构报告。

第四章 雷击风险评估

第二十二条 气象主管机构应当按照国家有关规定组织对本行政区域内的城市分区规划、控制性详细规划、重点建设工程进行雷击风险评估。

第二十三条 雷击风险评估按照下列规定进行:

(一)有关部门在组织编制城市分区规划、控制性详细规划时和下达重点建设工程计划前,应当通知所在地气象主管机构进行雷击风险评估;

（二）气象主管机构应当在收到通知之日起 30 日内组织进行雷击风险评估，并出具雷击风险评估报告书；

（三）雷击风险评估按照国家雷击风险评估规范进行。

雷击风险评估结论应当作为编制城市分区规划、控制性详细规划和重点建设工程可行性论证、设计的技术依据。

第二十四条 雷击风险评估报告书应当包括下列内容：

（一）项目所在地雷电活动规律和地理、地质、土壤、环境等状况；

（二）雷电灾害可能造成危害的分析、预测和评估；

（三）防御和减轻雷电灾害的建议、对策和措施；

（四）雷击风险评估结论。

第五章　雷电灾害应急救援和调查鉴定

第二十五条 遭受雷电灾害的单位和个人，应当及时报告所在地气象主管机构和有关部门，不得瞒报、谎报或者拖延不报。气象主管机构接到雷电灾害报告后，应当立即按照国家有关规定上报雷电灾害情况。

第二十六条 雷电灾害发生地的乡（镇）人民政府、街道办事处应当立即组织群众开展自救，减少人员伤亡和财产损失；县、区人民政府及其有关部门应当按照各自职责和应急预案的规定组织抢险。

任何单位和个人都应当支持、配合抢险，并提供便利条件。

第二十七条 气象主管机构应当及时开展雷电灾害调查和鉴定，查清雷电灾害原因和性质，提出整改措施。

调查和鉴定报告应当及时上报同级人民政府和上级气象主管机构。

第二十八条 气象主管机构应当定期统计分析本行政区域内发生的雷电灾害情况，提出防雷减灾建议，上报同级人民政府和上级气象主管机构。

第六章　法律责任

第二十九条 违反本条例规定，侵占、损毁或者擅自移动雷电监测和预警设施的,或者危害雷电监测的探测环境的,由气象主管机构责令停止违法行为,限期恢复原状或者采取其他补救措施,可以并处1000元以上1万元以下罚款;情节严重的,可以并处1万元以上5万元以下罚款;造成损失的,依法承担赔偿责任;构成犯罪的,依法追究刑事责任。

第三十条 违反本条例规定,防雷装置设计未经审核同意擅自施工的,或者防雷装置未经验收或者验收不合格擅自投入使用的,由气象主管机构责令改正,给予警告;造成损失的,依法承担赔偿责任;构成犯罪的,依法追究刑事责任。

第三十一条 违反本条例规定,防雷装置使用单位和个人对雷击安全隐患不及时整改的,由气象主管机构给予警告,责令限期改正;逾期不改正的,处2000元以上1万元以下罚款。

第三十二条 气象主管机构工作人员玩忽职守,或者其所属气象台站工作人员违反规章制度,导致重大漏报、错报雷电灾害警报,以及丢失、毁坏原始雷电探测资料、伪造雷电资料的,依法给予行政处分;构成犯罪的,依法追究刑事责任。

第七章 附 则

第三十三条 本条例下列用语的含义:

(一)防雷装置,是指接闪器、引下线、接地装置、电涌保护器及其他连接导体等防雷产品和设施的总称。

(二)电子信息系统,是指由计算机、有线或者无线通信设备、处理设备、控制设备及其相关的配套设备、设施(含网络)等电子设备构成的,按照一定应用目的和规则对信息进行采集、加工、存储、传输、检索的人机系统。

第三十四条 本条例自2005年11月1日起施行。

汕头市防御雷电灾害条例

（2005 年 4 月 29 日汕头市第十一届人民代表大会常务委员会第十四次会议通过，2005 年 5 月 26 日广东省第十届人民代表大会常务委员会第十八次会议批准。根据 2018 年 12 月 27 日汕头市第十四届人民代表大会常务委员会第十九次会议通过并经 2019 年 3 月 28 日广东省第十三届人民代表大会常务委员会第十一次会议修正。根据 2020 年 10 月 28 日汕头市第十四届人民代表大会常务委员会第四十次会议修订，2021 年 1 月 20 日广东省第十三届人民代表大会常务委员会第二十八次会议批准）

第一条 为防御和减轻雷电灾害，规范雷电灾害管理，保护国家利益和人民群众生命财产安全，根据《中华人民共和国气象法》和有关法律法规的规定，结合本市实际，制定本条例。

第二条 本条例适用于本市行政区域内的雷电灾害防御活动。

本条例中下列用语的含义是：

（一）雷电灾害防御活动，是指防御和减轻雷电灾害的活动，包括雷电和雷电灾害的研究、监测、预警、风险评估、防护以及雷电灾害的调查、鉴定等。

（二）雷电防护装置，是指接闪器、引下线、接地装置、电涌保护器及其连接导体等构成的，用以防御雷电灾害的设施或者系统。

（三）雷电防护装置检测机构，是指依法取得雷电防护装置检测资质的单位。

第三条 雷电灾害防御工作，实行安全第一、预防为主、防治结合、政府主导、部门联动、多方参与的原则。

第四条 各级人民政府应当加强对雷电灾害防御工作的领导,将雷电灾害防御工作纳入公共安全监督管理,建立健全组织协调机制,提高雷电灾害防御能力,保障公共安全。

雷电灾害防御工作纳入本级国民经济和社会发展规划,所需经费列入财政预算。

市、区(县)人民政府在组织编制本行政区域的气象灾害防御规划时,应当纳入雷电灾害防御内容,包括防御原则、目标、主要任务、防御设施建设和保障措施等。

第五条 市气象主管机构负责组织管理和指导监督全市的雷电灾害防御工作。

区(县)气象主管机构按照管理权限,负责组织管理本行政区域内的雷电灾害防御工作。未设立气象主管机构的区(县),其雷电灾害防御工作由市气象主管机构负责。

发展改革、教育、工业和信息化、自然资源、住房城乡建设、交通运输、水务、农业农村、旅游、应急管理、市场监督管理、城市管理等相关管理部门,按照职责分工,各负其责,配合气象主管机构共同做好本行政区域的雷电灾害防御工作。

第六条 市、区(县)人民政府应当组织气象主管机构及有关部门或者委托专业机构开展雷电灾害风险评估。

气象主管机构应当根据雷电灾害分布情况、易发区域和灾害风险评估等因素,划分雷电易发区域及其防范等级并及时向社会公布。

第七条 市、区(县)人民政府应当组织开展雷电灾害防御知识宣传和应急演练,增强社会公众防灾减灾意识和自救互救能力。

国家机关、企事业单位、村(居)民委员会及其他组织结合各自的实际情况,开展雷电灾害防御知识宣传和应急演练。各级各类学校、幼托机构和教育培训机构应当采取多种形式,宣传和普及雷电灾害防御知识。

鼓励志愿者参与雷电灾害防御知识宣传、应急演练等活动。

第八条 市气象主管机构应当按照国家、省有关规定,组织本行政区域内的雷电监测网建设,建立完善雷电实时监测和短时临近预警业务系统。

第九条 可能发生雷电灾害时,市、区(县)气象主管机构所属气象台站应当及时发布雷电灾害预报预警信息。其他组织或者个人不得以任何形式向社会发布。

第十条 市、区(县)气象主管机构应当在城乡显著位置、交通枢纽、公共活动场所、户外旅游景点、重点工程所在地、应急避难场所以及雷电灾害易发区域设立明显的雷电防护警示标识,并结合实际设立雷电灾害预警传播设施或者利用现有的传播设施,及时准确传播雷电灾害预报预警信息。

第十一条 大型群众性活动的主办者或者承办者应当将雷电影响因素纳入应急预案,并根据雷电灾害预报预警信息调整活动时间、活动方案或者采取相应的应急处置措施。

第十二条 下列场所或者设施,应当安装符合国家有关防雷标准的雷电防护装置:

(一)国家《建筑物防雷设计规范》规定的一、二、三类防雷建筑物、构筑物;

(二)石油、化工、燃气等易燃易爆物资的生产、储运、输送、销售等场所和设施,煤炭、电力主要生产设施和输配电系统;

(三)邮电通信、广播电视、医疗卫生、金融证券、计算机信息系统等社会公共服务系统的主要设施;

(四)体育场馆、影剧院、商场、宾馆、医院、学校、车站、机场、露天的大型娱乐、游乐设施等公共服务设施和人员密集场所;

(五)农村雷电灾害风险等级较高的村民集中居住区和种养殖区;

(六)其他法律、法规规定应当安装雷电防护装置的场所或者设施。

第十三条 新建、改建、扩建建(构)筑物、场所和设施的雷电防护装置应当与主体工程同时设计、同时施工、同时投入使用。

新建、改建、扩建建设工程雷电防护装置的设计、施工,可以由取得相应建设、公路、水路、铁路、民航、水利、电力、核电、通信等专业工程设计、施工资质的单位承担。

第十四条 气象主管机构依法负责下列工程、场所的雷电防护装置的设计审核和竣工验收：

（一）油库、气库、弹药库、化学品仓库和烟花爆竹、民用爆炸物品、石化等易燃易爆建设工程和场所；

（二）雷电易发区内的矿区、旅游景点或者投入使用的建（构）筑物、设施等需要单独安装雷电防护装置的场所；

（三）雷电风险高且没有防雷标准规范、需要进行特殊论证的大型项目。

未经设计审核或者设计审核不合格的，不得施工；未经竣工验收或者竣工验收不合格的，不得交付使用。

第十五条 房屋建筑工程和市政基础设施工程雷电防护装置的设计审核和竣工验收，纳入建筑工程施工图审查和竣工验收备案，由住房城乡建设部门依法进行监管。

房屋建筑工程和市政基础设施工程中含有油库、气库、弹药库、化学品仓库和烟花爆竹、民用爆炸物品、石化等易燃易爆附属工程的，其主体工程纳入建筑工程施工图审查和竣工验收备案管理，由住房城乡建设主管部门负责；其易燃易爆附属工程雷电防护装置的装置设计审核和竣工验收由气象主管机构负责。

公路、水路、铁路、民航、水利、电力、核电、通信等专业建设工程的主管部门，依法负责相应领域内建设工程的防雷管理。

第十六条 各相关部门应当按照谁审批、谁负责、谁监管的原则履行建设工程防雷监管职责。

建设工程设计、施工、监理和雷电防护装置检测机构以及业主单位等应当履行在防雷工程质量安全方面的主体责任。

第十七条 安装雷电防护装置的建设项目开工后，建设单位应当按照国家、行业和地方标准委托具有相应资质的雷电防护装置检测机构，根据工程施工进度进行检测。隐蔽工程在隐蔽前，应当经过雷电防护装置检测机构的检测并形成验收文件。

雷电防护装置检测机构应当按照有关法律法规及技术规范标准开展雷电防护装置检测服务，并对检测数据和结果负责。

雷电防护装置检测机构应当按照行业标准规范要求建立档案管理制度,检测归档文件收集应当与检测工作同步进行,不得事后补编。

第十八条 已投入使用的雷电防护装置的所有权人或者使用权人应当做好雷电防护装置的日常维护工作,委托有相应资质的雷电防护装置检测机构每年检测一次。雷电防护装置检测机构对雷电防护装置检测后,应当在检测完毕之日起五个工作日内出具检测报告;经检测不合格的,应当提出整改意见。雷电防护装置所有权人或者使用权人应当按照雷电防护装置检测机构提出的整改意见及时整改,消除隐患。

油库、气库、弹药库、化学品仓库和烟花爆竹、民用爆炸物品、石化等易燃易爆建设工程和场所,雷电易发区内的矿区、旅游景点或者投入使用的建(构)筑物、设施等需要单独安装雷电防护装置的场所,以及雷电风险高且没有防雷标准规范、需要进行特殊论证的大型项目的雷电防护装置应当每半年检测一次。法律法规另有规定的,从其规定。

第十九条 雷电灾害发生后,气象主管机构应当立即组织防雷专业技术人员开展雷电灾害调查,并及时作出鉴定报告。雷电灾害的调查、鉴定情况应当及时向本级人民政府和上一级气象主管机构报告。

遭受雷电灾害的组织和个人、其他有关部门和单位应当配合协助气象主管机构对雷电灾害进行调查和鉴定。

涉及生产安全事故的,生产经营单位、应急管理部门和负有安全生产监督管理职责的有关部门应当按照有关规定做好事故报告和处置工作。

第二十条 鼓励和支持相关部门与保险行业加强合作,探索符合本地特点的巨灾保险险种、机制和模式。

遭受雷电灾害的组织和个人因保险理赔需要气象灾害证明的,灾害发生地的气象主管机构应当免费为其出具。

第二十一条 气象主管机构应当会同住房城乡建设、应急管理等部门建立多部门联合执法协作机制,提高执法信息共享水平,增强防雷安全行政执法有效性,依法纠正和查处影响防雷安全的违法行为。

第二十二条 气象主管机构应当加强与应急管理等部门的沟通协调和工作联动,深化气象为安全生产服务保障工作,督促相关行业和部门将防雷安全工作纳入安全生产责任制,预防气象生产安全事故和气象因素直接造成的相关重特大生产安全事故发生。

第二十三条 市气象主管机构应当为在本市行政区域内从事雷电防护装置检测活动的机构建立信用档案;对出现失信行为的,依据国家有关规定向社会公布。

第二十四条 任何组织和个人均有权向行业主管部门投诉举报防雷市场违法行为,并对行业主管部门及其工作人员的监管行为进行监督。

第二十五条 违反本条例规定,有下列行为之一的,由气象主管机构责令改正,国家、省有关法律、法规和规章规定给予行政处罚的,依照有关规定进行处罚;给他人造成损失的,依法承担赔偿责任:

(一)擅自向社会发布雷电灾害预报预警信息的;

(二)应当安装雷电防护装置而拒不安装的;

(三)依法应由气象主管机构负责设计审核的雷电防护装置未经设计审核或者设计审核不合格施工的;

(四)依法应由气象主管机构负责竣工验收的雷电防护装置未经竣工验收或者竣工验收不合格交付使用的;

(五)使用不符合要求的雷电防护装置或者产品的;

(六)已有雷电防护装置,未按要求进行检测或者经检测不合格又拒不整改的;

(七)在雷电防护装置检测活动中弄虚作假的。

第二十六条 各级人民政府、气象主管机构和其他有关部门及其工作人员违反本条例规定,未依法履行职责的,由其上级机关或主管部门责令改正;情节严重的,对直接负责的主管人员和其他直接责任人员依法给予处分。

第二十七条 本条例自 2021 年 3 月 1 日起施行。

西宁市防御雷电灾害条例

(2003 年 10 月 24 日西宁市第十三届人民代表大会常务委员会第十三次会议通过,2004 年 3 月 26 日青海省第十届人民代表大会常务委员会第九次会议批准。根据 2018 年 2 月 8 日西宁市第十六届人民代表大会第四次会议通过并经 2018 年 5 月 31 日青海省第十三届人民代表大会常务委员会第三次会议第一次修正。根据 2020 年 10 月 30 日西宁市第十六届人民代表大会常务委员会第三十二次会议通过并经 2021 年 3 月 31 日青海省第十三届人民代表大会常务委员会第二十四次会议第二次修正)

第一章 总 则

第一条 为了防御和减轻雷电灾害(以下简称防雷减灾),维护社会公共安全和保护人民生命财产,根据《中华人民共和国气象法》等有关法律法规的规定,结合本市实际,制定本条例。

第二条 在本市行政区域内从事防雷减灾活动,应当遵守本条例。

本条例所称防御雷电灾害,是指防御和减轻雷击、静电灾害的活动,包括防御雷电灾害活动的组织管理,雷电防护工程的设计、施工、验收以及雷电防护装置检测与维护等。

第三条 防雷减灾必须纳入安全监督的工作范围,实行预防为主、防治结合的方针。

第四条 各级人民政府应当加强对防雷减灾工作的领导,组织有关部门采取有效措施,做好防雷减灾工作,提高防雷减灾的能力,保障公共安全。

市、县气象主管机构在上级气象主管机构的指导下,负责本行政区域内的防雷减灾的组织管理和监督工作。

市辖各区的防雷减灾工作由市气象主管机构负责。

自然资源规划、城乡建设、市场监管、应急等主管部门应当按照各自职责,做好防雷减灾工作。

第五条 对在防雷减灾工作中有突出贡献的单位和个人,由市、县人民政府给予表彰和奖励。

第二章 雷电防护工程的设计与施工

第六条 各类建(构)筑物、场所和设施安装雷电防护装置应当符合国家有关防雷标准的规定。气象主管机构发现不合格的防雷产品后,应当书面通报市场监管部门依法处理。

雷电防护装置,是指接闪器、引下线、接地装置、电涌保护器及其他连接导体等雷电防护产品和设施的总称。

第七条 新建、改建、扩建建(构)筑物、场所和设施的雷电防护装置应当与主体工程同时设计、同时施工、同时投入使用。

新建、改建、扩建建设工程雷电防护装置的设计、施工,可以由取得相应建设、公路、水路、铁路、民航、水利、电力、通信等专业工程设计、施工资质的单位承担。油库、气库、弹药库、化学品仓库和烟花爆竹、石化等易燃易爆建设工程和场所,雷电易发区内的矿区、旅游景点或者投入使用的建(构)筑物、设施等需要单独安装雷电防护装置的场所,以及雷电风险高且没有防雷标准规范、需要进行特殊论证的大型项目,其雷电防护装置的设计审核和竣工验收由市、县气象主管机构负责。未经设计审核或者设计审核不合格的,不得施工;未经竣工验收或者竣工验收不合格的,不得交付使用。

房屋建筑、市政基础设施、公路、水路、铁路、民航、水利、电力、通信等建设工程的主管部门,负责相应领域内建设工程的防雷管理。

第八条 建设单位应当将易燃易爆建设工程和场所雷电防护装置

施工图设计文件送市、县气象主管机构审核。气象主管机构应在收到施工图设计文件之日起二十个工作日内出具审核意见书。

雷电防护工程施工图设计文件不符合国家防雷技术标准和规范规定的,建设单位应当按照审核结论进行修改并重新送审。

易燃易爆建设工程和场所雷电防护装置施工图设计文件未经气象主管机构审核同意的,城乡建设主管部门不得发放施工许可证。

第九条 施工单位必须按照经相关主管部门同意的雷电防护工程施工图设计文件进行施工,接受相关主管部门根据施工进度进行的雷电防护工程质量监督。施工中需变更和修改雷电防护工程施工图设计文件的,应当报原主管部门同意。

雷电防护工程,是指防直击雷、雷电感应、静电感应、电磁感应、雷击电磁脉冲和雷电波侵入等设施的总称。

第三章 雷电防护装置检测与维护

第十条 投入使用后的雷电防护装置实行定期年检制度,每年的3月至5月检测一次,其中易燃易爆场所应当每半年检测一次,并接受当地气象主管机构和应急部门的监督检查。

雷电防护装置检测单位应当按照国家有关标准和规范,进行雷电防护装置检测,对检测结果负责,并接受当地气象主管机构的抽检。

第十一条 检测单位对雷电防护装置检测后,应当在检测完毕之日起五个工作日内出具检测报告。不合格的,提出整改意见。雷电防护装置所有单位接到整改意见后应当及时整改,消除隐患。

第十二条 雷电防护装置所有单位应当做好雷电防护装置的日常维护工作,发现问题,及时报告承担该装置检测的机构进行技术处理,并接受气象主管机构及城乡建设、应急等主管部门的监督检查。

第十三条 发(变)电设施和电力线路及相关辅助设施的雷电防护装置的检测工作,由具备资质和资格的检测机构的技术人员进行检测。

第十四条 在本市行政区域内所有从事雷电防护检测工作的机构必须接受市、县气象主管机构的指导和监督管理。

第十五条 从事雷电防护装置检测的单位,应当具备法律法规规定的相应的资质等级。严禁无资质或者超出资质等级承接防雷装置检测业务。雷电防护装置检测资质证不得转让、出借。

第四章 雷电灾害调查、鉴定

第十六条 市、县气象主管机构负责组织雷电灾害调查、统计、评估和鉴定工作。

其他有关部门应当配合当地气象主管机构做好雷电灾害调查与鉴定工作。

第十七条 遭受雷电灾害的单位和个人,应当及时向市、县气象主管机构或者当地人民政府报告,并协助当地气象主管机构对雷电灾害进行调查与鉴定。

第十八条 市、县气象主管机构应当及时向上一级气象主管机构和当地人民政府报告本行政区域内的雷电灾情,按时上报年度雷电灾害情况。

第十九条 雷电灾害调查、统计、评估与鉴定应当坚持实事求是原则。任何组织和个人不得干预雷电灾害的调查、统计、评估与鉴定工作。

第五章 罚 则

第二十条 气象主管机构和其他国家机关工作人员在防雷减灾活动中不履行职责或者滥用职权、徇私舞弊的,由有关部门依法给予处分;构成犯罪的,依法追究刑事责任。

第二十一条 违反本条例规定的行为,法律、法规已规定法律责任的,从其规定。

第六章 附 则

第二十二条 本条例自 2004 年 5 月 1 日起施行。

海北藏族自治州防御雷电灾害条例

（2004年1月6日海北藏族自治州第十一届人民代表大会第五次会议通过，2004年11月26日青海省第十届人民代表大会常务委员会第十三次会议批准。2011年1月8日海北藏族自治州第十二届人民代表大会第六次会议修订，2011年11月24日青海省第十一届人民代表大会常务委员会第二十六次会议批准）

第一条 为了防御和减轻雷电灾害（以下简称"防雷减灾"），保障国家利益和人民生命财产安全，根据《中华人民共和国气象法》等有关法律、法规，结合自治州实际，制定本条例。

第二条 本条例适用于在自治州行政区域内从事防雷减灾活动的单位和个人。

第三条 本条例所称防御雷电灾害，是指防御和减轻雷击、静电灾害的行为，包括组织管理、安全评价、雷电防护工程的专业设计与审核、施工监督、竣工验收，雷电防护装置的检测与维护等活动。

第四条 防雷减灾应当纳入公共安全工作的范围，实行预防为主、防治结合的方针。

第五条 州、县人民政府应当加强对防雷减灾工作的领导和雷电监测及防雷减灾基础设施建设，组织有关部门采取有效措施，做好防雷减灾工作，提高防雷减灾能力，保障公共安全。

州、县气象主管机构负责本辖区内防雷减灾的统一监督和管理。

建设、规划、公安、消防、安全生产监督管理、质量技术监督等行政管理部门应当按照各自的职责，做好防雷减灾工作。

第六条 州、县气象主管机构应当组织防雷减灾技术的研究、开发和推广应用工作,加强雷电防护工程专业施工图设计文件审核、施工监督、竣工验收和雷电防护设施检测工作,提高雷电灾害监测、预测、预警水平,大力开展防御雷电灾害的科普宣传、技术咨询,增强全社会防雷减灾意识。

第七条 自治州境内的一切单位和个人,都有保护雷电防护设施的义务。对危害雷电防护设施的行为应当予以制止和检举。

对在防雷减灾工作中做出突出贡献的单位和个人,州、县人民政府应当给予表彰和奖励。

第八条 防雷减灾实行安全评价制度。下列建设项目必须进行防雷安全评价:

(一)高层、孤立、雷电多发地带的建(构)筑物及其附着物;

(二)石油、天然气、化工、易燃易爆物资的生产、储存和使用场所;

(三)发(变)电设施,输电线路和其他相关设施;计算机网络、通信设备、广播电视、卫星接收等可能遭受雷击和静电灾害的设施;

(四)《建筑物防雷设计规范》规定的一、二、三类防雷建(构)筑物及其附属物;

(五)依照法律、法规、规章和有关技术标准、规范,应当安装防雷装置的其他场所和设施。

第九条 符合本条例第八条规定的建设项目,建设单位应当及时委托具有防雷减灾安全评价资质的机构进行安全评价。防雷减灾安全评价报告书结论经气象主管机构审核作为建设项目可行性报告和设计、施工的依据之一。

第十条 防雷减灾安全评价报告书应当包括:雷电灾害可能造成危害的分析;预测和评估,防御和减轻雷电灾害的建议、对策和措施。

第十一条 防雷减灾安全评价、雷电防护工程专业施工图设计文件等所使用的气象资料,由有资格的气象机构提供并经州、县气象主管机构进行审核。

第十二条 凡在本条例第八条所列的新建、改建、扩建的建(构)筑物和其他设施,必须安装雷电防护装置(包括接闪器、引下线、接地装置、电涌保护器及其他连接导体等)。

需要安装的雷电防护装置,应当符合国家标准和规范规定的使用要求,并由具有相应防雷工程设计资质或施工资质的单位设计或施工。

第十三条 禁止安装、使用未经质量技术监督管理部门认可或委托的检测机构测试合格的防雷产品。气象主管机构发现不合格的防雷产品后,应当书面通知质量技术监督和工商行政管理部门依法处理。

第十四条 州、县气象主管机构负责雷电防护工程(包括防直雷击、雷电感应、静电感应、电磁感应、雷电电磁脉冲和雷电波侵入等设施)专业施工图设计文件审核、施工监督和竣工验收。

第十五条 雷电防护工程专业施工图设计文件的审核,由州、县气象主管机构负责。建设单位应当将雷电防护工程专业施工图设计文件及相关资料报送州、县气象主管机构审核。气象主管机构应当在收到申请后十个工作日内出具审核结论和审核意见书。

经审核,雷电防护工程专业施工图设计文件不符合国家防雷技术标准和规范要求的,雷电防护专业施工图设计单位应当按审核结论进行修改并重新报审。

雷电防护工程专业施工图设计文件未经审核的,建设主管部门不得批准项目。

第十六条 雷电防护工程必须与主体工程同时设计、同时施工、同时验收、同时投入使用。

雷电防护工程的施工单位应当按照气象主管机构审核同意的雷电防护专业施工图设计文件进行施工,并接受州、县气象主管机构依据施工进度进行的监督。

在施工中需变更或修改雷电防护专业施工图设计文件的,应当按照原审核程序报审。

第十七条 雷电防护工程竣工后,建设单位应当通知州、县气象主管机构,参加验收。验收合格的,由气象主管机构发给合格证书;未经验收或虽经验收但未取得合格证书的,建设单位不得投入使用。

第十八条 投入使用后的雷电防护装置实行定期检测制度,每年的4月至5月检测一次,其中易燃易爆场所应当每半年检测一次。

凡安装雷电防护装置的单位应当主动商请具备相关资质的机构进

行检测。检测机构检测完毕后五个工作日内作出检测报告。检测项目全部合格后,由气象主管机构发给合格证书;不合格的,应当出具雷电防护装置隐患限期整改通知书。有关单位必须及时整改,消除隐患。

安装雷电防护装置的单位应当做好雷电防护装置的经常性维护工作,并指派专人负责,发现问题,及时告知承担该装置检测的机构进行检查和技术处理,并接受州、县气象主管机构和当地人民政府安全生产监督管理部门的监督检查。

第十九条 发(变)电设施,输电线路及相关辅助设施的防雷检测工作,由具备检测资质和资格的单位及专业技术人员负责,并接受气象主管机构的指导和监督、检查。

第二十条 雷电防护工程专业设计、施工和雷电防护装置检测,实行资质、资格管理制度。从事雷电防护工程专业设计、施工和雷电防护装置检测的单位和专业技术人员,应当持有相应的资质、资格证书。

禁止无证或超出资质、资格的单位和个人从事设计、施工和检测。

资质和资格证书,不得转让、出借。

第二十一条 州、县气象主管机构负责雷电灾害的调查、统计、评估和鉴定工作。有关部门和单位应当配合当地气象主管机构做好雷电灾害调查与鉴定工作。遭受雷电灾害的单位和个人,应当及时向气象主管机构或人民政府报告,并协助气象主管机构对雷电灾害进行调查与鉴定。

雷电灾害调查、统计、评估、鉴定应当实事求是,任何单位或个人不得阻扰、干预。

第二十二条 违反本条例规定,有下列行为之一的,由州、县气象主管机构责令其改正,给予警告,并处以一千元以上三千元以下的罚款:

(一)建设项目未进行防雷减灾安全评价的;

(二)雷电防护工程中使用未经审核的气象资料的;

(三)防雷装置所有权人擅自拆毁防雷装置的;

(四)在现有建(构)筑物上擅自安装可能引发雷击的附属物或其他导电体,未依法采取雷电防护措施的。

第二十三条 违反本条例规定,有下列行为之一的,由州、县气象主管机构责令其改正,给予警告,并处以五千元以上一万元以下的罚款。给他人造成损失的,依法承担赔偿责任。构成犯罪的;依法追究刑事责任。

(一)应当安装防雷装置但拒不安装的,或已安装防雷装置,但拒绝接受检测或者经检测不合格又不按期整改的;

(二)无资质、资格或超越资质、资格范围,从事雷电防护工程专业设计、施工或雷电防护装置检测的;

(三)雷电防护工程专业施工图设计文件未经气象主管机构审核而擅自核发施工许可证或施工的,未按施工图设计文件要求进行施工或作变更修改而不申报的;

(四)新建、改建、扩建的雷电防护工程,未经验收或验收不合格未取得防雷合格证书,擅自投入使用的;

(五)非法安装、使用不符合国家技术标准或规范的雷电防护装置的;

(六)对重大雷击火灾事故隐瞒不报的;

(七)拒绝接受气象主管机构进行防雷安全检查的;

(八)阻扰、干预雷电灾害调查、统计、评估、鉴定的。

第二十四条 承担防雷安全评价、雷电防护工程专业设计、施工和雷电防护装置检测的单位,有下列行为之一的,由州、县气象主管机构责令改正;有违法所得的,没收违法所得,并处违法所得二倍至五倍的罚款;对其主管负责人和直接责任人处三千元以上五千元以下的罚款;构成犯罪的,依法追究刑事责任。

(一)因行政不作为而导致雷电灾害的;

(二)出具虚假或错误的防雷减灾安全评价报告、雷电防护工程专业施工图设计文件审核结论、施工验收报告及雷电防护装置检测报告的;

(三)不按规定的项目标准收费的;

(四)对已经申请检测但未及时检测而造成雷电灾害的;

(五)转让、出借资质、资格证书的。

第二十五条　气象主管机构和其他国家机关工作人员玩忽职守、滥用职权、徇私舞弊而造成安全责任事故的，由其所在单位或上级气象主管机构依法给予行政处分；造成重大、特大安全责任事故，构成犯罪的，依法追究刑事责任。

第二十六条　本条例实施中具体应用问题由自治州人民政府负责解释。

第二十七条　本条例自 2005 年 1 月 1 日起施行。

乌鲁木齐市防雷减灾管理条例

（2011 年 5 月 6 日乌鲁木齐市第十四届人民代表大会常务委员会第三十一次会议通过，2011 年 7 月 29 日新疆维吾尔自治区第十一届人民代表大会常务委员会第三十次会议批准）

第一章 总 则

第一条 为了加强雷电灾害防御工作，保障人民生命财产安全，维护公共安全，促进经济建设和社会发展，根据《中华人民共和国气象法》和国务院《气象灾害防御条例》及有关法律、法规，结合本市实际，制定本条例。

第二条 在本市行政区域内从事防雷减灾活动的组织和个人，应当遵守本条例。

本条例所称防雷减灾，是指防御和减轻雷电灾害的活动，包括雷电和雷电灾害的研究、监测、预警、防护以及雷电灾害的调查、鉴定和评估等。

第三条 市气象主管机构负责本市行政区域内的防雷减灾工作。区（县）气象主管机构负责本辖区内的防雷减灾工作。

规划、建设、公安、安全生产监督、质量技术监督等部门应当按照各自职责，共同做好防雷减灾工作。

第四条 防雷减灾工作实行安全第一、预防为主、防治结合的原则。

第五条 市、区（县）人民政府应当加强对防雷减灾工作的领导，组织有关部门制定雷电灾害防御规划和雷电灾害应急预案，针对城市和农牧区防雷减灾工作的不同情况,采取相应措施做好防雷减灾工作,提高雷电灾害防御和应急处置能力。

第六条　鼓励和支持防雷减灾的科学技术研究和开发,推广应用防雷科技研究成果,加强防雷标准化工作,提高防雷技术水平,开展防雷减灾科普宣传,增强全民防雷减灾意识。

第二章　监测和预警

第七条　气象主管机构应当根据雷电灾害防御规划,按照布局合理、信息共享、有效利用的原则,加强雷电监测网和预警系统建设,健全雷电灾害防御体系。

第八条　市气象主管机构及其所属的气象台站应当提高雷电灾害预警和防雷减灾服务能力,按照职责向社会统一发布雷电灾害预警信号,并及时向有关防御、救助部门通报;其他组织和个人不得向社会发布雷电灾害预警信号。

第九条　市气象主管机构应当按照雷电监测资料共享、共用的原则,根据国家有关规定,与其他从事雷电监测的机构交换雷电监测资料。

第十条　任何组织和个人不得侵占、损毁或擅自移动雷电监测和预警设施,不得危害雷电监测探测环境。

第三章　防雷装置

第十一条　本条例所称雷电防护装置(以下简称防雷装置),是指接闪器、引下线、接地装置、电涌保护器及其他连接导体的总称。

第十二条　下列场所或者设施应当安装防雷装置:

(一)《建筑物防雷设计规范》规定的一、二、三类建(构)筑物;

(二)易燃易爆物品和化学危险物品的生产或者贮存设施及场所;

(三)电力生产设施和输配电系统;

(四)通信设施、广播电视系统和电子信息系统及其他公共设施;

（五）法律、法规和防雷技术规范规定应当安装防雷装置的其他场所和设施。

第十三条 从事防雷装置设计、施工的单位，应当依法取得资质证，并按照相应的资质等级从事防雷装置设计、施工。

第十四条 各类建（构）筑物、场所和设施安装的防雷装置应当符合国家有关防雷标准的规定，并与主体工程同时设计、同时施工、同步验收、同时投入使用。

需要采取综合雷电防护设计的建设项目在立项审批前应当进行雷击风险等级评估。

第十五条 防雷装置的设计实行审核制度。新建、改建、扩建建（构）筑物设计文件审查的部门，应当就雷电防护装置的设计征求气象主管机构意见，未征求气象主管机构意见的，不得交付施工。

第十六条 防雷装置的施工单位应当按照审核同意的设计方案进行施工，并接受气象主管机构的监督管理。

防雷装置设计方案确需变更的，原施工图审验机构应当征求气象主管机构意见。

第十七条 防雷装置实行竣工验收制度。负责组织验收的单位，应当通知气象主管机构参加，未通知气象主管机构参加验收的，不得交付使用。

第十八条 雷电易发区内的矿区、旅游景点或者投入使用的建（构）筑物、设施需要单独安装防雷装置的，防雷装置的设计审核和竣工验收由气象主管机构负责。

第四章　防雷装置检测和维护

第十九条 从事防雷装置检测的单位应当依法取得防雷装置检测资质证。

防雷装置检测单位应当执行国家有关技术标准和规范，保证防雷装置检测报告真实、科学、公正。

第二十条 防雷装置所有者应当主动申报年度检测，委托具有防雷装置检测资质的单位对投入使用后的防雷装置进行检测。对爆炸危险环境场所的防雷装置应当每半年检测一次,其他防雷装置应当每年检测一次。

第二十一条 防雷装置检测单位对防雷装置检测后,应当出具检测报告。经检测防雷装置不合格的,防雷装置检测单位在出具检测报告时应当提出整改意见并抄送气象主管机构,被检测单位应当按照整改意见及时整改。

第二十二条 防雷装置所有者应当建立健全防雷减灾安全责任制度,指定专人做好对防雷装置的维护、保养工作,发现雷电灾害隐患应当及时采取措施进行处理。

第二十三条 气象主管机构应当加强对防雷装置使用、维护情况的监督检查,发现防雷装置存在安全隐患或者违反防雷减灾管理规定的,应当督促防雷装置所有者及时整改。

第五章 雷电灾害调查、鉴定和评估

第二十四条 遭受雷电灾害的单位和个人,应当及时向气象主管机构和有关部门报告,不得瞒报、谎报或者拖延不报。

第二十五条 雷电灾害发生后,雷电灾害发生地的乡(镇)人民政府、街道办事处应当立即组织开展自救,减少人员伤亡和财产损失。

市、区(县)人民政府及有关部门应当根据雷电灾害应急预案启动标准,及时启动相应应急预案,做好应急处置工作。

第二十六条 气象主管机构应当及时开展雷电灾害调查和鉴定,查清雷电灾害的原因和性质,提出整改措施。

调查和鉴定报告应当及时上报本级人民政府和上级气象主管机构。

第二十七条 气象主管机构应当及时向本级人民政府和上级气象主管机构上报本行政区域内的重大雷电灾害和年度雷电灾害情况,并根据雷电灾害情况及时提出防雷减灾建议。

第二十八条 气象主管机构应当组织对本行政区域内的大型建设

工程、重点工程、爆炸危险环境等建设项目进行雷击风险评估,确保公共安全。

第六章　法律责任

第二十九条　违反本条例规定,侵占、损毁或者擅自移动雷电监测和预警设施、防雷装置的,或者危害雷电监测的探测环境的,由气象主管机构责令停止违法行为,限期恢复原状或者采取其他补救措施,可以并处一千元以上一万元以下罚款;情节严重的,可以并处一万元以上五万元以下罚款;造成损失的,依法承担赔偿责任;构成犯罪的,依法追究刑事责任。

第三十条　违反本条例规定,有下列行为之一的,由气象主管机构按照权限责令停止违法行为,处五万元以上十万元以下的罚款;有违法所得的,没收违法所得;给他人造成损失的,依法承担赔偿责任:

(一)无资质或者超越资质许可范围从事雷电防护装置设计、施工、检测的;

(二)在防雷装置设计、施工、检测中弄虚作假的。

第三十一条　违反本条例规定,防雷装置所有者拒不委托防雷装置检测单位对防雷装置进行检测或者经检测不合格又拒不整改的,由气象主管机构责令限期改正,给予警告,可处三万元以下罚款;给他人造成损失的,依法承担赔偿责任。

第三十二条　对违反本条例规定,导致雷击造成火灾、爆炸、人员伤亡以及国家财产重大损失的,由有关行政部门给予直接责任人行政处分;构成犯罪的,依法追究刑事责任。

第三十三条　违反本条例规定,应当受到行政处罚的其他行为,由有关行政部门依法予以处罚。

第三十四条　气象主管机构工作人员玩忽职守、滥用职权、徇私舞弊的,或者其所属气象台站工作人员违反规章制度,导致重大漏报、错报雷电灾害警报,以及丢失、毁坏原始雷电探测资料、伪造雷电资料的,依法给予行政处分;构成犯罪的,依法追究刑事责任。

第七章 附 则

第三十五条 本条例自 2011 年 10 月 1 日起实施。

省级政府规章

北京市防御雷电灾害若干规定

(2002 年 7 月 29 日北京市人民政府第 102 号令公布,根据 2018 年 2 月 12 日北京市人民政府第 277 号令修改)

第一条 为了防御和减轻雷电灾害(以下简称防雷),保护国家财产和人民生命财产安全,根据《中华人民共和国气象法》和国家有关规定,结合本市实际情况,制定本规定。

第二条 本市行政区域内的防雷工作,适用本规定。

第三条 市气象局组织管理和监督指导全市的防雷工作;区气象局负责本行政区域内的防雷工作。

住房城乡建设、规划国土、公安、消防、质量技术监督等行政主管部门按照各自职责,配合市和区气象局做好防雷工作。

第四条 区人民政府应当加强对防雷工作的领导,组织有关部门采取有效措施做好防雷工作,提高对雷电灾害的防御能力。

第五条 市和区气象局应当加强防雷科普宣传,做好雷电灾害的监测、预警和雷击事故的统计、鉴定,指导对雷电灾害防护装置(以下简称防雷装置)的检测等服务工作。

第六条 下列场所和设施,应当安装防雷装置:

(一)《建筑物防雷设计规范》规定的第一、二、三类防雷建筑物;

(二)计算机信息系统、通信设施、广播电视设施、自动控制和监控设施;

(三)石油、化工、燃气等易燃易爆物资的生产、储运、输送、销售等场所和设施;

(四)露天的大型娱乐、游乐设施;

(五)国家规定应当安装防雷装置的其他场所和设施。

第七条　防雷工程设计单位应当按照防雷设计规范和技术标准进行设计；防雷工程施工单位应当按照防雷工程设计文件进行施工。

第八条　按照本规定第六条规定安装的防雷装置的所有权人或者使用权人，应当做好防雷装置的日常维护工作，并按照国家气象主管机构规定的期限接受检测。

检测不合格的防雷装置，所有权人或者使用权人应当及时整改。

第九条　防雷检测单位应当根据法律、法规、规章和技术标准的有关规定，开展检测工作；检测工作结束后，应当出具检测报告；检测报告的数据应当公正、准确。

第十条　遭受雷电灾害的单位，应当自遭受雷电灾害之日起3日内向市或者区气象局报告情况。市和区气象局应当按照国家有关规定对雷电灾害进行调查和鉴定。

第十一条　违反本规定第六条规定，应当安装防雷装置而拒不安装的，由市或者区气象局责令限期改正；逾期不改的，可以处3万元以下罚款；导致雷击发生重大或者特大安全事故的，依法追究法律责任。

第十二条　违反本规定第八条规定，拒不接受防雷检测或者经检测不合格拒绝整改的，由市或者区气象局责令改正，可以处2万元以下罚款。

第十三条　本规定自2002年9月1日起施行。

河北省防雷减灾管理办法

（2007 年 9 月 30 日河北省人民政府令第 11 号公布，根据 2014 年 1 月 16 日河北省人民政府令第 2 号第一次修正，根据 2017 年 12 月 31 日河北省人民政府令第 6 号第二次修正）

第一章 总 则

第一条 为加强防雷减灾工作，保障公共安全和公民生命财产安全，促进经济社会发展，根据《中华人民共和国气象法》《河北省实施〈中华人民共和国气象法〉办法》及有关法律、法规，结合本省实际，制定本办法。

第二条 在本省行政区域内从事防雷减灾活动，必须遵守本办法。

第三条 本办法所称防雷减灾，是指防御和减轻雷电灾害的活动，包括雷电灾害的研究、监测、预警、防护以及雷电灾害风险评估及调查、鉴定等。

第四条 防雷减灾工作，应当遵循预防为主、防治结合的方针，坚持统筹规划、综合防治、分级管理的原则。

第五条 县级以上人民政府应当加强对防雷减灾工作的领导，将防雷减灾工作纳入本级国民经济和社会发展规划以及安全生产监督管理的工作范围，所需经费依法列入本级财政预算。

第六条 县级以上人民政府气象主管机构在上级气象主管机构和本级人民政府领导下，负责本行政区域内防雷减灾工作的组织管理。

县级以上人民政府其他有关部门应当按各自职责做好防雷减灾工作。

第七条 县级以上人民政府气象主管机构及有关部门应当在基层

社区、林区、厂矿、乡村、学校等单位,开展防雷减灾法律法规、科普知识的宣传、教育活动,提高全社会的防雷减灾意识和自救互救能力。

第八条 县级以上人民政府应当对在防雷减灾工作中做出突出贡献的单位和个人,给予表彰和奖励。

第二章 雷电灾害监测与预警

第九条 省人民政府气象主管机构应当按合理布局、信息共享、有效利用的原则,组建全省雷电监测网,组织开展雷电监测。

第十条 县级以上人民政府气象主管机构应当加强雷电天气预警系统建设,提高雷电灾害预警和防雷减灾服务能力。

第十一条 县级以上人民政府气象主管机构所属气象台站应当加强对雷电天气的监测,及时做出预报、警报,提高服务水平。

第十二条 雷电天气预报、警报,由县级以上人民政府气象主管机构所属的气象台站按职责通过当地主要媒体向社会发布,并根据天气变化情况及时补充或者订正。其他任何组织或者个人不得向社会发布雷电天气预报、警报。

第十三条 广播、电视、报纸、电信、信息网络等媒体收到气象主管机构所属的气象台站要求播发的雷电天气预报、警报信息后,应当及时向公众传播,对重大雷电天气的补充、订正预报、预警,有关媒体应当及时增播或者插播。

第十四条 县级以上人民政府气象主管机构应当组织有关部门加强对雷电和雷电灾害的发生机理等基础理论和防御技术等应用理论的研究,并加强对防雷减灾技术和雷电监测、预警系统的研究和开发。

第三章 防雷装置安装与检测

第十五条 下列建(构)筑物、场所或者设施必须安装防雷装置:

(一)《建筑物防雷设计规范》规定的一、二、三类防雷建(构)筑物;

(二)石油、化工等易燃易爆物品的生产或者储存场所;

（三）电力生产设施和输配电系统；

（四）航空、通信设施、广播电视系统、计算机信息系统；

（五）国家战略物资储备及其他重要物资的仓储场所，尚存地上建筑的各级文物保护单位；

（六）学校、宾馆、大型娱乐场所等人口聚集场所；

（七）法律、法规和规章及国家和本省技术规范规定应当安装防雷装置的其他场所和设施。

第十六条 必须安装防雷装置的新建、扩建、改建的建（构）筑物、场所和设施，建设单位应当将防雷装置的建设纳入计划，与主体工程或者整体项目同时设计、同时施工、同时投入使用。

第十七条 必须安装防雷装置的建（构）筑物、场所或者设施安装的防雷装置，应当符合国务院气象主管机构规定的使用要求。

第十八条 必须安装防雷装置的建（构）筑物、场所或者设施，其防雷装置设计方案应当按照国家规定进行设计审核。

第十九条 必须安装防雷装置的建（构）筑物、场所或者设施，建设单位应当按照审核同意的设计方案进行施工，并选择具有相应防雷检测资质的机构按施工进度进行分阶段检测。检测报告作为竣工验收的技术依据。

第二十条 必须安装的防雷装置竣工后，应当按照国家规定进行竣工验收。

第二十一条 县级以上人民政府气象主管机构应当会同安全生产监督管理部门对防雷装置检测工作实施监督管理，并组织对防雷装置检测情况进行抽查。

第二十二条 防雷装置的检测由依法设立的防雷装置检测机构承担。

省人民政府气象主管机构应当依法对防雷装置检测机构进行资质认定，并向社会公布。

防雷装置检测机构应当建立健全完善的检测制度，严格执行国家有关标准和规范，保证检测报告的真实性、科学性、公正性。

第二十三条 防雷装置建设或者施工单位使用的防雷产品应当符

合国家质量标准,具有产品合格证书和使用说明书,并接受省人民政府气象主管机构的监督检查。

第二十四条 对社会提供公正数据的防雷产品质量检验机构,应当按照国家有关规定通过计量认证或者获得资格认可。

第二十五条 投入使用后的防雷装置实行定期安全检测制度。防雷装置每年检测一次,其中易燃、易爆物品和化学危险物品的生产、储存设施和场所的防雷装置每半年检测一次。

第二十六条 防雷装置检测机构对防雷装置检测后,应当出具检测报告,并对检测结果负责。

第二十七条 拥有防雷装置所有权或者使用权的单位应当做好防雷装置的日常维护工作,对发现的问题,应当及时进行整改,并接受所在地气象主管机构、安全生产监督管理和公安消防部门的监督检查。

第四章 雷电灾害应急

第二十八条 县级以上人民政府应当建立健全防雷减灾指挥协调机制,编制本行政区域的雷电灾害应急预案。

第二十九条 必须安装防雷装置的建(构)筑物、场所或者设施的使用单位应当制定雷电灾害应急抢救方案,建立应急抢救组织或者指定兼职的应急抢救人员,落实应急抢救责任。

雷电灾害应急抢救方案应当报当地安全生产监督管理部门和气象主管机构备案。

第三十条 遭受雷电灾害的单位和个人,应当及时向当地人民政府和所在地气象主管机构报告雷电灾情,并协助做好雷电灾害的调查和鉴定工作。

第三十一条 雷电灾害发生后,有关单位应当迅速启动应急抢救方案,防止灾情扩大,并按有关规定如实上报雷电灾害情况,不得隐瞒不报、谎报或者拖延不报,不得破坏事故现场。

第三十二条 当地人民政府接到雷电灾情报告后,应当根据灾情程度组织有关部门迅速启动雷电灾害应急预案。

第三十三条　县级以上人民政府气象主管机构接到雷电灾情报告后,应当立即指派 2 名以上防雷专业技术人员赶赴现场进行调查,并在 3 日内作出雷电灾害鉴定报告。雷电灾害的调查、鉴定情况应当及时向同级人民政府和上一级气象主管机构报告。

任何单位和个人不得干扰、阻挠对雷电灾害的依法调查处理。

第三十四条　各有关部门应当按照雷电灾害应急预案的规定,相互协调配合,迅速做好雷电灾害应急处理和善后工作。

第三十五条　县级以上人民政府气象主管机构应当及时统计分析本行政区域内发生雷电灾害的情况,并向社会公布。

第三十六条　建设单位应当组织对本行政区域内的大型工程、重点工程、爆炸危险环境等建设项目进行雷击风险评估,以确保公共安全。

第五章　法律责任

第三十七条　县级以上人民政府及有关部门有下列行为之一的,对直接负责的主管人员和其他直接责任人员依法给予处分;构成犯罪的,依法追究刑事责任:

(一)违反国家规定,对不符合技术标准的防雷装置设计方案通过设计审核的;

(二)违反国家规定,对不合格的防雷装置通过竣工验收的;

(三)对不符合条件的单位颁发防雷装置检测资质证书的;

(四)隐瞒不报、谎报或者拖延不报雷电灾害灾情的;

(五)未按雷电灾害应急预案的要求履行职责的;

(六)在雷电灾害防御、应急处理中违反法律、法规和本办法规定,有其他渎职、失职行为的。

第三十八条　违反本办法规定,防雷装置使用单位拒绝实施定期检测,或者经检测不合格又拒绝整改的,由县级以上人民政府气象主管机构按照权限责令限期改正;逾期不改正的,可以处一千元以上一万元以下的罚款;情节严重的,可以处一万元以上三万元以下的罚款;给他人造成损失的,依法承担赔偿责任。

第三十九条 违反本办法第二十六条规定,防雷检测机构出具虚假检测报告的,由县级以上人民政府气象主管机构按照权限责令限期改正,可以处一千元以上一万元以下的罚款;情节严重的,可以处一万元以上三万元以下的罚款,由省人民政府气象主管机构撤销其防雷装置检测资质。

第六章 附 则

第四十条 本办法自 2008 年 1 月 1 日起施行。

山西省防雷减灾管理办法

（2022 年 12 月 13 日山西省人民政府令第 297 号公布）

第一条 为了防御和减轻雷电灾害，保护人民生命财产安全和社会公共安全，保障和促进经济社会发展，根据《中华人民共和国气象法》《气象灾害防御条例》等法律、法规，结合本省实际，制定本办法。

第二条 本省行政区域内从事防雷减灾及其监督管理等活动适用本办法。

本办法所称防雷减灾，是指防御和减轻雷电灾害的活动，包括雷电和雷电灾害的研究、监测、预警、风险评估、防护以及雷电灾害的调查、鉴定等。

第三条 防雷减灾工作应当坚持以人为本、安全第一、预防为主、分工协作的原则。

第四条 县级以上人民政府应当加强对防雷减灾工作的领导、组织和协调，将防雷减灾工作纳入本级国民经济和社会发展规划，组织制定并实施防雷减灾应急预案。所需经费纳入本级财政预算。

乡（镇）人民政府、街道办事处以及开发区管理机构应当协助气象主管机构以及有关部门做好防雷减灾工作。

第五条 省气象主管机构负责全省防雷减灾工作的管理和监督指导。

设区的市、县（市、区）气象主管机构具体负责组织管理和实施防雷减灾工作。未设置气象主管机构的县（市、区）的防雷减灾工作，由县（市、区）人民政府会同上级气象主管机构确定有关部门负责。

县级以上人民政府发展改革、住房和城乡建设、交通运输、水利、应急管理、市场监管、能源等有关部门以及通信主管部门应当按照各自职责做好防雷减灾工作。

第六条　各级气象主管机构应当组织开展防雷减灾科普宣传、教育培训、科学研究等工作。

机关、企业事业单位、群众性自治组织，应当结合实际，做好本单位、本区域群众性的防雷减灾知识宣传。

广播、电视、报刊、电信、互联网等媒体应当开展公益性防雷减灾知识宣传，提高社会公众防雷减灾意识。

第七条　县级以上人民政府及其有关部门对防雷减灾工作中做出突出贡献的单位和个人，应当按照有关规定给予表彰、奖励。

第八条　省气象主管机构应当组织有关部门按照合理布局、信息共享、有效利用的原则，规划全省雷电监测网。

县级以上气象主管机构所属气象台站应当按照职责开展雷电监测，及时向社会发布雷电预警。

任何组织或者个人不得擅自向社会发布雷电预警。

第九条　县（市、区）人民政府应当根据本行政区域的地形、地质、地貌以及雷电活动情况，划定雷电易发区域及其防范等级并向社会公布。

第十条　县（市、区）人民政府应当按照雷电灾害防御重点单位界定规范，组织气象等有关部门确定本行政区域内防雷重点单位并向社会公布。

第十一条　防雷重点单位应当建立防雷安全管理和风险分级管控制度，落实安全责任制。

防雷重点单位应当明确管理机构或者人员，加强防雷安全经费保障。

第十二条　县级以上人民政府应当组织气象等有关部门对大型建设工程、重点工程、爆炸和火灾危险环境、人员密集场所等项目进行雷电灾害风险评估。

第十三条　下列建（构）筑物、场所和设施应当安装雷电防护装置：

（一）《建筑物防雷设计规范》规定的一、二、三类建（构）筑物；

（二）石油、化工等易燃易爆物品生产或者储存场所；

（三）电力生产设施和输配电系统；

（四）通信设施、广播电视系统、计算机信息系统；

（五）法律、法规、规章和防雷技术规范规定应当安装雷电防护装置的其他场所和设施。

第十四条 新建、改建、扩建建（构）筑物、场所和设施的雷电防护装置应当与主体工程同时设计、同时施工、同时投入使用。

第十五条 新建、改建、扩建建设工程雷电防护装置的设计、施工，可以由取得相应建设、公路、水路、铁路、民航、水利、电力、核电、通信等专业工程设计、施工资质的单位承担。

建设工程的设计、施工、监理、检测单位以及业主单位等承担防雷工程质量安全方面的相关主体责任。

第十六条 已投入使用的雷电防护装置所有权人或者管理人承担雷电防护装置管理的主体责任，应当对雷电防护装置进行日常维护，委托具备相应雷电防护装置检测资质的单位进行定期检测。

任何单位和个人不得损毁或者擅自变动雷电防护装置。

第十七条 房屋建筑、市政基础设施、公路、水路、铁路、民航、水利、电力、核电、通信等建设工程的主管部门，负责相应领域内建设工程的防雷管理。

第十八条 下列建设工程、场所、项目安装雷电防护装置，应当经县级以上气象主管机构设计审核和竣工验收；未经设计审核或者设计审核不合格的，不得施工；未经竣工验收或者竣工验收不合格的，不得交付使用：

（一）油库、气库、弹药库、化学品仓库和烟花爆竹、石化等易燃易爆建设工程和场所；

（二）雷电易发区内的矿区、旅游景点或者投入使用的建（构）筑物、设施等需要单独安装雷电防护装置的场所；

（三）雷电风险高且没有防雷标准规范、需要进行特殊论证的大型项目。

第十九条 文物建筑雷电防护装置的设计、安装按照文物建筑防雷技术规范执行。其他不可移动文物，由县级以上人民政府文物主管部门会同气象主管机构进行雷电灾害风险评估,经评估确需安装的应当安装。

第二十条 投入使用后的雷电防护装置实行定期检测制度。易燃易爆物品的生产、储存场所设施和火灾危险环境场所的雷电防护装置应当每半年检测一次;其他雷电防护装置应当每年检测一次。

行业标准有特殊规定的,从其规定。

第二十一条 雷电防护装置检测单位应当依法取得相关资质,在资质许可的范围内从事活动,并接受监督管理。

雷电防护装置检测单位对防雷装置检测后,应当出具检测报告。检测不合格的,提出整改意见。被检测单位拒不整改或者整改不合格的,雷电防护装置检测单位应当报告当地气象主管机构。

第二十二条 防雷重点单位应当制定雷电灾害应急预案,或者在综合应急预案中明确防雷减灾应急内容,每年至少组织一次应急演练,并做好记录和存档。

第二十三条 县级以上气象主管机构负责组织雷电灾害调查和鉴定,有关单位和个人应当配合。

遭受雷电灾害的单位和个人,应当在 24 小时内向当地县级气象主管机构报告。县级气象主管机构应当按照规定向上级气象主管机构和当地人民政府及时报告。

第二十四条 县级以上气象主管机构应当自接到报告之日起 10 个工作日内组织调查鉴定,并作出雷电灾害调查报告。重特大雷电灾害可以延长 10 个工作日。

调查报告应当明确调查结论,分析雷电灾害原因,提出整改意见。

第二十五条 防雷行业协会应当加强行业自律管理,接受气象主管机构的指导和行业监督。

第二十六条 本办法自 2023 年 2 月 1 日起施行。2007 年 11 月 6 日山西省人民政府令第 213 号公布的《山西省防雷减灾管理办法》同时废止。

辽宁省雷电灾害防御管理规定

（2005 年 3 月 3 日辽宁省人民政府令第 180 号公布，根据 2018 年 11 月 26 日辽宁省人民政府令第 324 号修正）

第一条 为了防御和减轻雷电灾害，维护国家利益和人民生命财产安全，促进经济建设和社会发展，根据《中华人民共和国气象法》及有关法律、法规，结合我省实际，制定本规定。

第二条 在我省行政区域内进行雷电灾害防御工作，必须遵守本规定。法律、法规另有规定的，从其规定。

第三条 省、市、县（含县级市、区，下同）气象主管机构在上级气象主管机构和本级人民政府的领导下，负责雷电灾害防御工作的组织管理，做好雷电监测、预报预警、雷电灾害调查鉴定和防雷科普宣传，划分雷电易发区域及其防范等级并及时向社会公布。

油库、气库、弹药库、化学品仓库、烟花爆竹、石化等易燃易爆建设工程和场所，雷电易发区内的矿区、旅游景点或者投入使用的建（构）筑物、设施等需要单独安装雷电防护装置的场所，以及雷电风险高且没有防雷标准规范、需要进行特殊论证的大型项目，由气象主管机构负责防雷装置设计审核和竣工验收许可及监督管理。

房屋建筑工程和市政基础设施工程防雷装置设计审核、竣工验收许可，整合纳入建筑工程施工图审查、竣工验收备案，由住房城乡和建设部门负责监督管理。

公路、水路、铁路、民航、水利、电力、核电、通信等专业建设工程防雷工作，由各专业部门负责监督管理。

第四条 县以上人民政府应当组织有关部门编制雷电灾害防御规划，加强雷电灾害监测和预警系统建设。

第五条 县以上人民政府应当鼓励和支持雷电灾害防御科学技术研究,推广先进的科学技术研究成果,提高雷电灾害防御工作水平。

第六条 各级气象主管机构所属的气象台站应当加强对雷电灾害的监测,提高雷电灾害预报的准确性和服务水平。其他有关部门所属的气象台站应当及时向气象主管机构提供监测、预报雷电灾害所需要的有关信息。

第七条 下列场所和设施,必须按照国家有关规定安装防雷装置:

(一)《建筑物防雷设计规范》规定的第一、二、三类防雷建筑物;

(二)易燃易爆物品、危险化学品等危险物品的生产、经营、储存场所;

(三)电力、广播电视、通信设施和计算机网络系统;

(四)国家规定应当安装防雷装置的其他场所和设施。防雷装置必须符合国务院气象主管机构规定的使用要求。

第八条 防雷装置设计审核、施工监督和竣工验收,按照法律和行政法规规定执行。

第九条 投入使用后的防雷装置实行定期检测制度。防雷装置应当每年检测一次,对油库、气库、弹药库、化学品仓库、烟花爆竹、石化等爆炸和火灾危险环境场所的防雷装置应当每半年检测一次。

第十条 从事防雷装置检测的单位必须按照有关法律、法规、规章和技术标准、技术规范的规定,开展检测工作,并出具检测报告。检测报告的数据应当公正、准确。防雷装置检测单位应当对检测结果负责。

第十一条 防雷装置检测机构实施防雷装置检测后,应当出具检测报告。不合格的,提出整改意见。被检测单位拒不整改或者整改不合格的,防雷装置检测机构应当报告当地气象主管机构,由当地气象主管机构根据职责予以处理或者移交其他有关部门处理。

第十二条 防雷装置所有人或者受托人应当指定专人负责,做好防雷装置的日常维护工作。发现防雷装置存在隐患时,应当及时采取措施进行处理。

已安装防雷装置的单位或者个人应当主动委托有相应资质的防雷装置检测机构进行定期检测。

居民住宅的防雷装置,物业管理部门应当做好日常维护工作,并主动委托有相应资质的防雷装置检测机构进行定期检测。

第十三条 任何单位和个人不得擅自移动、改变或者损坏防雷装置。

第十四条 雷电防护产品必须符合国家规定的质量标准。禁止生产、销售和使用不合格的雷电防护产品。

第十五条 气象主管机构不得以任何方式要求有关单位和个人购买其指定的雷电防护产品。

第十六条 气象主管机构应当加强雷电灾害调查、统计和鉴定工作,并将统计分析结果向社会公布。

第十七条 雷电灾害发生后,受灾单位负责人接到灾情报告后应当迅速采取有效措施组织抢救,减少人员伤亡和财产损失,并按照国家有关规定立即如实报告当地安全生产监督管理部门和气象主管机构。任何单位和个人对雷电灾害不得瞒报、谎报或者拖延上报。

第十八条 气象主管机构和其他有关部门应当按照职责对雷电灾害防御工作进行检查,被检查单位不得拒绝或者阻挠。

第十九条 违反本规定,有下列行为之一的,由县级以上气象主管机构或者其他有关部门按照权限责令限期改正;逾期不改正的,处1000元以上1万元以下罚款:

(一)应当安装防雷装置而拒不安装的;

(二)拒绝接受防雷装置检测或者未按照规定申请重新检测的;

(三)擅自移动、改变或者损坏防雷装置的。

第二十条 违反本规定的其他行为,由有关部门按有关法律、法规和规章的规定实施处罚;构成犯罪的,依法追究刑事责任。

第二十一条 雷电灾害防御管理工作人员有下列行为之一的,由所在单位或者上级主管机关依法给予行政处分;构成犯罪的,依法追究刑事责任:

(一)在防雷装置设计审核、施工监督、竣工验收中,滥用职权、徇私舞弊的;

(二)要求有关单位和个人购买其指定的雷电防护产品的。

第二十二条 本规定中下列用语的含义是:

（一）雷电灾害，是指因直击雷、雷电感应、雷电波侵入等造成的人员伤亡和财产损失。

（二）防雷装置，是指由接闪器（包括避雷针、带、线、网）、引下线、接地线、接地体以及其他接连导体构成的具有防御直击雷性能的专业系统，或者由电磁屏蔽、电涌保护器、等电位连接、共用接地网以及其他连接导体构成的具有防御雷电感应和雷电波侵入性能的专业系统。

第二十三条 本规定自 2005 年 4 月 1 日起施行。

吉林省防雷减灾管理办法

（2015 年 6 月 10 日吉林省人民政府令第 252 号公布）

第一条 为加强雷电灾害防御，避免、减轻雷电灾害造成的损失，保障公民生命财产安全和公共安全，促进经济社会发展，依据《中华人民共和国气象法》《气象灾害防御条例》等有关法律、法规，结合本省实际，制定本办法。

第二条 在本省行政区域内与防雷减灾活动有关的单位和个人，应当遵守本办法。

第三条 本办法所称防雷减灾，是指防御和减轻雷电灾害的活动，包括雷电和雷电灾害的研究、监测、预警、风险评估、防护以及雷电灾害的调查、鉴定等。

本办法所称雷电灾害是指由于直击雷、雷电感应、雷电波侵入、雷击电磁脉冲等造成的人员伤亡、财产损失。

第四条 开展防雷减灾，应当坚持预防为主、防治结合的原则，建立政府主导、部门联动、社会参与的防雷减灾工作机制。

第五条 县级以上人民政府应当加强对防雷减灾工作的领导，将防雷减灾工作纳入当地经济和社会发展规划及安全生产监督管理工作范围，所需经费列入本级财政预算，并根据经济社会发展和防雷减灾工作需要，逐步加大投入。

第六条 县级以上人民政府应当鼓励支持开展防雷科学技术研究与开发，推广应用防雷科技研究成果，加强防雷标准化工作。

县级以上人民政府应当通过广播、电视、报纸、信息网络等媒体，开展防雷减灾科普宣传，增强全民防雷减灾意识，提高防雷减灾能力。

第七条 县级以上气象主管机构在上级气象主管机构和本级人民

政府领导下,负责本行政区域内防雷减灾工作的组织管理。未设气象主管机构的市辖区,其防雷减灾工作由上一级气象主管机构负责。

县级以上安全生产监督、教育、公安、住房城乡建设、交通运输、林业、卫生计生、旅游、畜牧、通信管理等行政主管部门按照各自的职责,做好防雷减灾工作。

第八条 省气象主管机构应当履行下列职责:

(一)组织有关部门科学规划全省雷电监测网,完善雷电监测体系;

(二)加强雷电监测设备数据管理,实现信息共享和有效利用;

(三)组织研究和开发雷电监测产品,提高雷电监测的科学性、及时性和准确性。

第九条 县级以上气象主管机构应当组织有关部门和协调相关科研机构加强对雷电防护基础理论、防雷应用技术和预警系统的研究,提高雷电预报预警和防雷减灾服务能力。

县级以上气象主管机构所属气象台应当加强对雷电灾害的监测预报,并及时发布雷电灾害预警信息。

第十条 雷电天气预报、预警信息,应当由气象台通过当地主要媒体向社会发布,并根据天气变化情况及时补充或者订正,其他任何组织或者个人不得向社会发布雷电天气预报、预警信息。

广播、电视、报纸、信息网络等媒体收到气象台要求播发的雷电天气预报、预警信息后,应当及时向公众传播,对重大雷电天气的补充、订正预报、预警信息,有关媒体应当及时插播或增播。

第十一条 各类建(构)筑物、场所和设施应当按照国家规定安装防雷装置,防雷装置应当符合国家有关标准并与主体工程同时设计、同时施工、同时投入使用。

第十二条 下列建(构)筑物、场所和设施的防雷装置应当经过竣工验收:

(一)国家标准《建筑物防雷设计规范》规定的第一、二、三类防雷建(构)筑物;

(二)油库、气库、加油加气站、液化天然气和民用爆炸物品存储库以及油(气)管道站场、阀室等爆炸和火灾危险环境及设施;

（三）邮电通信、交通运输、广播电视、医疗卫生、金融证券、文化教育、体育、旅游、游乐场、不可移动文物等社会公共服务或人员密集的场所和设施以及各类电子信息系统；

（四）按照有关规定应当安装防雷装置的其他场所和设施。

第十三条 按照国家规定安装的防雷装置，应当每年检测一次。位于雷电多发区域的爆炸和火灾危险环境场所的防雷装置应当每半年检测一次。

第十四条 检测防雷装置，由该装置使用单位或个人向有防雷设施检测资质的机构申报，检测机构应当对申报检测的防雷装置及时检测。检测不合格的防雷装置，使用单位或个人应当在限期内整改。

气象主管机构和安全生产监督管理部门应当加强对防雷装置定期检测工作的管理和监督检查。

第十五条 防雷装置检测机构应当严格执行国家有关标准和规范，建立健全检测制度，保证检测数据和检测报告的真实性、科学性和公正性，并在规定时间内将检测报告报送当地气象主管机构。当地气象主管机构定期向社会公布防雷装置检测的有关信息。

第十六条 防雷装置所有人应当做好防雷装置的日常维护工作，及时处理防雷装置隐患。

第十七条 雷电灾害多发区、重点防御区的单位和组织应当制定雷电灾害应急预案，成立应急组织或者指定应急处置人员，落实应急处置责任。

第十八条 单位和个人遭受财产重大损失和危及生命安全、公共安全的重大雷电灾害的，应当及时向所在地气象主管机构报告雷电灾情，并协助气象主管机构做好雷电灾害的调查和鉴定工作。

第十九条 县级以上气象主管机构监测到雷电灾害或者接到雷电灾情报告后，应当立即组织有关人员赶赴现场开展雷电灾害的调查和鉴定工作，并将情况及时报告本级人民政府和上级气象主管机构，雷电引起火灾的，气象主管机构还应当将调查和鉴定结果等情况通报当地公安消防机构。

第二十条 违反本办法第十一条规定，应当安装防雷装置而拒不安装的,由县级以上气象主管机构责令改正,给予警告,可以处1万元以上3万元以下罚款;给他人造成损失的,依法承担赔偿责任;构成犯罪的,依法追究刑事责任。

第二十一条 违反本办法第十二条、第十三条和第十八条规定,对规定的建(构)筑物、场所和设施的防雷装置未经竣工验收的、现有防雷装置未按规定检测的、发生重大雷电灾害隐瞒不报的,由气象主管机构依照有关法律、法规和国家规定予以处罚。

第二十二条 防雷工作人员由于玩忽职守,导致重大雷电灾害事故的,由所在单位依法给予行政处分;构成犯罪的,依法追究刑事责任。

第二十三条 本办法自2015年8月1日起施行。

山东省防御和减轻雷电灾害管理规定

（2002年1月26日山东省人民政府令第134号发布，根据2004年10月31日山东省人民政府令第175号第一次修订，根据2018年1月24日山东省人民政府令第311号第二次修订）

第一条 为防御和减轻雷电灾害（以下简称防雷减灾），保护国家利益和人民生命财产安全，促进经济建设和社会发展，依据《中华人民共和国气象法》，结合本省实际，制定本规定。

第二条 在本省行政区域内从事防雷减灾活动的单位和个人，应当遵守本规定。

第三条 防雷减灾工作，实行预防为主、防治结合的方针。

第四条 省气象主管机构负责全省防雷减灾管理工作。市、县（市、区）气象主管机构负责本行政区域内的防雷减灾管理工作。

县以上气象主管机构所属的防雷减灾机构具体负责本行政区域内的防雷减灾工作。

电力企业在省气象主管机构授权范围内负责高压电力设施的防雷减灾工作，并接受各级防雷减灾机构的技术指导。

建设、公安、工商、质量技术监督等部门，应当按照各自的职责配合气象主管机构做好防雷减灾工作。

第五条 各级气象主管机构应当加强雷电天气监测、预警系统建设，提高雷电灾害预警、预防服务能力。

第六条 下列场所或设施应当安装接闪器、引下线、接地装置、电涌保护器及连接导体等防雷装置：

（一）《建筑物防雷设计规范》规定的一、二、三类防雷建（构）筑物及其附属设施；

　　(二)石油、化工等易燃易爆物资的生产、贮存场所；

　　(三)电力设施、电气装置；

　　(四)计算机信息系统、通信系统、广播电视系统；

　　(五)其他易遭受雷击的设施和场所。

　　第七条　从事防雷工程设计、施工业务的专业技术人员,必须按照国家和省有关规定参加专业技术培训,经考核取得相应的资格证书后,持证上岗。

　　第八条　涉及防雷的建设工程设计文件,由县以上防雷减灾机构参与审查,并对防雷设计提出意见。

　　防雷工程设计图纸不合格的,建设行政主管部门不得发给施工许可证,建设单位不得施工。

　　第九条　防雷减灾机构应当对防雷装置的安装情况进行监督,参与建设工程的竣工验收,并对防雷工程的验收情况提出意见。防雷工程未经验收或者验收不合格的,不得投入使用。

　　第十条　各级气象主管机构应当加强防雷装置检测工作的监督管理,并会同有关部门指导防雷装置的检测工作。

　　第十一条　从事防雷装置检测活动的,必须经省气象主管机构进行资质认证,执行国家防雷技术规范,并保证防雷装置检测报告的真实性。

　　对从事防雷装置检测的专业技术人员实行资格管理制度。防雷装置检测单位资质条件和专业技术人员资格条件,由省气象主管机构制定。

　　第十二条　防雷装置实行定期检测制度。防雷装置使用单位应当定期向防雷减灾机构申报检测,防雷减灾机构应当及时组织检测。检测合格的,应当颁发合格证书;不合格的,责令限期整改,并进行复检。

　　第十三条　从事防雷工程设计、施工和防雷装置检测活动的,必须遵守国家有关保密规定。

　　第十四条　各级气象主管机构负责组织雷电灾害的调查、统计与鉴定工作。其他有关部门和单位应当配合当地气象主管机构做好雷电灾害的调查、统计与鉴定工作。

因雷电灾害引起的火灾事故由有关部门负责调查。

第十五条　遭受雷电灾害的,应当及时向当地气象主管机构报告,并协助当地气象主管机构对雷电灾害进行调查与鉴定。

第十六条　违反本规定,未取得相应检测资质或者超出资质等级许可范围,从事防雷装置检测业务的,由气象主管机构给予警告,并可处以 3 万元以下的罚款。

第十七条　违反本规定,有下列情形之一的,由气象主管机构给予警告,责令限期改正;逾期不改正的,可处以 1 万元以下的罚款:

(一)应当安装防雷装置而拒不安装的;

(二)防雷装置使用单位拒绝接受检测或者检测不合格拒不整改的。

第十八条　违反本规定,造成雷电灾害事故,致使人员伤亡或者国家财产遭受重大损失的,对直接负责的主管人员和其他直接责任人员依法给予行政处分;构成犯罪的,依法追究刑事责任。

第十九条　气象主管机构及其防雷减灾机构的工作人员玩忽职守、滥用职权、徇私舞弊的,依法给予行政处分;构成犯罪的,依法追究刑事责任。

安徽省防雷减灾管理办法

（2005年4月4日安徽省人民政府令第182号公布，根据2017年12月1日安徽省人民政府令第279号修订）

第一条 为了防御和减轻雷电灾害，保护人民生命财产安全，促进经济建设和社会发展，根据《中华人民共和国气象法》《安徽省气象管理条例》等有关法律、法规，结合本省实际，制定本办法。

第二条 本办法适用于本省行政区域内防御和减轻雷电灾害（以下简称防雷减灾）活动。

第三条 防雷减灾工作，实行预防为主、防治结合的原则。

第四条 县级以上地方人民政府应当加强对防雷减灾工作的领导，鼓励和支持防雷减灾的科技研究与开发，推广应用防雷科技研究成果，开展防雷减灾科普宣传，增强全社会防雷减灾意识。

第五条 县级以上地方气象主管机构以及住房和城乡建设、交通运输、水利等部门，按照国务院和省人民政府确定的职责分工，负责本行政区域内建设工程防雷减灾的监督管理工作。

第六条 县级以上地方气象主管机构应当加强雷电监测和预警系统建设，提高雷电灾害预警和防雷减灾服务能力。

第七条 下列场所或者设施应当安装防雷装置：

（一）《建筑物防雷设计规范》规定的一、二、三类防雷建筑物、构筑物；

（二）石油、化工等易燃易爆物资的生产、储存、输送、销售等场所和设施；

（三）电力生产设施和输配电系统；

（四）计算机信息系统、通信设施、广播电视设施、自动控制和监控设施；

（五）国家规定应当安装防雷装置的其他场所和设施。

第八条 新建、改建、扩建本办法第七条规定的场所或者设施，其防雷装置应当与主体工程同时设计、同时施工、同时投入使用。

第九条 新建、改建、扩建建设工程防雷装置的设计、施工，可以由取得相应建设、公路、水路、铁路、民航、水利、电力、核电、通信等专业工程设计、施工资质的单位承担。

第十条 房屋建筑工程和市政基础设施工程防雷装置设计审核纳入建筑工程施工图审查内容，由县级以上地方住房和城乡建设部门负责监督管理。

油库、气库、弹药库、化学品仓库、烟花爆竹、石化等易燃易爆建设工程和场所，雷电易发区内的矿区、旅游景点或者投入使用的建（构）筑物、设施等需要单独安装防雷装置的场所，以及雷电风险高且没有防雷标准规范、需要进行特殊论证的大型项目，建设单位应当将防雷装置设计文件送县级以上地方气象主管机构审核。

公路、水路、铁路、民航、水利、电力、核电、通信等专业建设工程的防雷装置设计审核由各专业部门负责监督管理。

防雷装置设计文件未经审核批准的，不得交付施工。

第十一条 防雷装置的施工单位应当按照经审核批准的防雷装置设计文件施工，并接受所在地气象主管机构以及住房和城乡建设、交通运输、水利等部门（以下统称对建设工程防雷负有监督管理职责的部门）的监督。

在施工中需要修改防雷装置设计方案的，应当重新报送审核。

第十二条 房屋建筑工程和市政基础设施工程的防雷装置竣工验收，纳入建筑工程竣工验收备案，由县级以上地方住房和城乡建设部门负责监督管理。

本办法第十条第二款规定的场所或者设施竣工验收时，其防雷装置应当经县级以上地方气象主管机构验收。

本办法第十条第三款规定的专业建设工程防雷装置的竣工验收，由各专业部门负责监督管理。

前款规定的场所或者设施，其防雷装置未经验收或者验收不合格的,不得交付使用。

第十三条 按照本办法第七条规定安装的防雷装置实行定期检测制度。石油、化工等易燃易爆物资的生产、储存、输送、销售等场所和设施的防雷装置检测周期为每半年一次,其他为每年一次。

防雷装置的产权单位或者使用单位应当按照前款规定的期限,向防雷装置检测单位申报检测。

第十四条 防雷装置检测单位对防雷装置检测后,应当出具检测报告。检测项目不合格的,应当告知防雷装置的产权单位或者使用单位。防雷装置的产权单位或者使用单位应当按照要求进行整改,并及时向防雷装置检测单位申报复检。

防雷装置检测单位应当建立和完善检测工作规程,认真执行国家有关标准和规范,保证防雷装置检测报告的准确、公正,并对检测结果负责。

防雷装置检测单位应当具有相应的资质。禁止无资质或者超越资质等级许可的范围从事防雷装置检测活动。

第十五条 防雷装置的产权单位和使用单位应当做好防雷装置的日常维护工作,发现问题及时维修或者报告该装置的检测单位进行处理。

第十六条 遭受雷电灾害的单位和个人,应当在 24 小时内向所在地县级以上地方气象主管机构报告。气象主管机构应当按照国家有关规定对雷电灾害进行调查和鉴定。

第十七条 违反本办法规定,有下列行为之一的,由县级以上地方对建设工程防雷负有监督管理职责的部门责令停止违法行为,并依照国务院《气象灾害防御条例》的有关规定处罚:

(一)无资质或者超越资质等级许可范围从事防雷装置检测的;

(二)在防雷装置设计、施工、检测中弄虚作假的;

(三)违反本办法第十条第二款、第十二条第二款的规定,防雷装置未经设计审核或者设计审核不合格施工的,未经竣工验收或者竣工验收不合格交付使用的。

第十八条 违反本办法规定,导致雷击造成火灾、爆炸、人员伤亡以及财产重大损失的,依法追究有关单位和直接责任人员的法律责任。

第十九条 县级以上地方对建设工程防雷负有监督管理职责的部门工作人员在防雷减灾工作中,有下列情形之一的,由所在单位或者上级主管部门责令改正,依法给予行政处分;构成犯罪的,依法追究刑事责任:

(一)违反本办法规定审核批准防雷装置设计文件的;

(二)对不符合规定的防雷装置予以验收通过的;

(三)对违反防雷减灾管理规定的行为,不依法查处的;

(四)有其他滥用职权、徇私舞弊、玩忽职守情形的。

第二十条 本办法下列用语的含义是:

(一)雷电灾害,是指因直击雷、雷电感应、雷电感应的静电、雷电波侵入等造成的人员伤亡、财产损失。

(二)防雷装置,是指接闪器、引下线、接地装置、电涌保护器及其他连接导体等防雷产品和设施。

第二十一条 本办法自 2005 年 5 月 1 日起施行。

浙江省雷电灾害防御和应急办法

（2005 年 3 月 15 日浙江省人民政府令第 190 号公布，根据 2008 年 7 月 8 日浙江省人民政府令第 246 号第一次修订，根据 2018 年 1 月 22 日浙江省人民政府令第 363 号第二次修订）

第一章 总 则

第一条 为了避免和减少雷电灾害，维护人民生命和财产安全，促进经济和社会的可持续发展，依据《中华人民共和国气象法》《中华人民共和国安全生产法》和《气象灾害防御条例》等法律、法规，结合本省实际，制定本办法。

第二条 在本省行政区域内从事雷电灾害防御以及灾害事故应急处理，适用本办法。法律、法规另有规定的，从其规定。

第三条 雷电灾害防御和应急处置工作，坚持预防为主、防御与救助相结合，实行统一规划、归口管理、分工协作的原则。

第四条 县级以上人民政府应当加强对雷电灾害防御工作的领导，将雷电灾害防御经费纳入同级财政预算，逐步加大对雷电灾害防御工作的投入，提高雷电灾害预警和应急处置能力。

第五条 县级以上气象主管机构主管本行政区域内雷电灾害防御工作。

经济和信息化、公安、建设、规划、安全生产监督管理、质量技术监督、电力等有关部门应当按照各自职责，共同做好雷电灾害防御和应急处置工作。

第六条 县级以上气象主管机构和有关部门应当鼓励和支持雷电

灾害防御科学技术研究,推广和应用先进的雷电灾害防御技术,宣传普及雷电灾害防御的科学知识,增强全社会防雷减灾意识。

第二章　雷电灾害防御

第七条　省气象主管机构会同公安、建设、规划、安全生产监督管理等有关部门,编制全省雷电灾害防御规划,经专家论证后报省人民政府批准公布。

市、县(市、区,下同)气象主管机构会同有关部门,依据全省雷电灾害防御规划,编制本行政区域内的雷电灾害防御实施方案,经专家论证后报本级人民政府批准公布,并报上一级气象主管机构备案。

第八条　雷电灾害防御规划及实施方案包括以下内容:

(一)雷电灾害状况分析;

(二)雷电灾害的防御原则和基本要求;

(三)雷电灾害重点防御区;

(四)雷电灾害的监测、预警工程建设;

(五)雷电灾害防御措施等。

第九条　县级以上气象主管机构应当建立和完善雷电灾害监测网络和预警信息系统,确保监测和预警系统的正常运行。

气象主管机构所属的气象台站应当加强对雷电灾害性天气的监测,及时向社会发布雷电灾害性天气预报。

第十条　各类建(构)筑物、场所和设施安装雷电防护装置应当符合国家有关防雷标准的规定。

新建、改建、扩建建(构)筑物、场所和设施的雷电防护装置应当与主体工程同时设计、同时施工、同时投入使用。

建设工程防雷许可具体范围划分,按照国家规定执行。

第十一条　防雷产品必须符合国家标准,并经依法检验合格,取得产品合格证书。禁止销售、使用无合格证书的防雷产品。

第十二条　新建、改建、扩建建设工程雷电防护装置的设计、施工,可以由取得相应建设、公路、水路、铁路、民航、水利、电力、核电、通信等专业工程设计、施工资质的单位承担。

从事雷电防护装置检测的资质认定,按照《气象灾害防御条例》有关规定执行。

第十三条 从事雷电防护装置检测、工程设计和施工的单位,应当执行国家标准、行业标准或者地方标准。

省标准化行政主管部门应当会同省气象主管机构以及有关部门,按照保障安全生产的要求,完善雷电防御技术的地方标准,并组织实施。

第十四条 油库、气库、弹药库、化学品仓库和烟花爆竹、石化等易燃易爆建设工程和场所,雷电易发区内的矿区、旅游景点或者投入使用的建(构)筑物、设施等需要单独安装雷电防护装置的场所,以及雷电风险高且没有防雷标准规范、需要进行特殊论证的大型项目,其雷电防护装置的设计审核和竣工验收由县级以上气象主管机构负责。未经设计审核或者设计审核不合格的,不得施工;未经竣工验收或者竣工验收不合格的,不得交付使用。

房屋建筑、市政基础设施、公路、水路、铁路、民航、水利、电力、核电、通信等建设工程的行政主管部门,负责相应领域内建设工程的防雷管理工作。建设工程竣工验收时应取得具有相应资质的专业检测机构出具的雷电防护装置检测合格报告。

第十五条 雷电防护装置施工单位必须按照批准的设计方案进行施工,并对雷电防护装置的施工质量负责。

检测机构应当记录检测数据,登记建档,出具检测报告,并对检测数据的真实性负责。

第十六条 安装雷电防护装置的单位应当对雷电防护装置进行经常性的维护、保养,并委托雷电防护装置检测机构实施定期安全检测。

易燃易爆场所的雷电防护装置应当每半年检测 1 次,其他雷电防护装置每年检测 1 次。

第十七条 县级以上气象主管机构应当健全监督检查制度,严格履行监督责任。对被许可人从事行政许可事项活动的监督检查情况和处理结果,应当予以记录,公众有权查阅。

县级以上气象主管机构依法实施行政许可和监督检查,不得擅自收取费用,不得要求有关单位和个人购买其指定的产品或者设备。

第十八条 任何单位和个人对雷电灾害防御和应急处置中的违法行为都有权检举和控告。

县级以上气象主管机构应当建立举报制度,公开举报电话或者电子邮件地址;受理的举报事项经核实后,应当形成书面材料,及时作出处理。

第三章 雷电灾害应急

第十九条 县级以上气象主管机构会同同级安全生产监督管理、建设、公安、电力、通信、卫生等部门拟订本行政区域的雷电灾害应急救援预案,报本级人民政府批准后公布。

第二十条 雷电灾害应急救援预案包括下列内容:

(一)应急机构和有关部门的职责分工;

(二)雷电灾害的监测与预警;

(三)雷电灾害的分级与影响分析准备;

(四)救援人员的组织和应急准备;

(五)雷电灾害的调查、报告和处理程序;

(六)发生雷电灾害时的应急保障;

(七)人员财产撤离、转移路线、医疗救治等应急行动方案。雷电灾害应急预案应当根据实施情况及时进行修订。

第二十一条 本办法第十条所列的建(构)筑物或设施的使用单位应当制定雷电灾害应急抢救方案,建立应急抢救组织或者指定兼职的应急抢救人员,落实应急抢救责任。

雷电灾害应急抢救方案应当报安全生产监督管理部门和气象主管机构备案。

第二十二条 雷电灾害发生后,有关单位应当迅速实施应急抢救方案,并立即报告当地人民政府和安全生产监督管理部门、气象主管机构,不得隐瞒不报、谎报或者拖延不报,不得破坏事故现场。

当地人民政府或者安全生产监督管理部门、气象主管机构接到报告后,应当立即派人赶赴现场,组织抢险救灾,防止灾情扩大,并按照国家和省有关规定及时将雷电灾害情况上报上一级行政机关。

第二十三条 市、县人民政府接到雷电灾害险情报告后,应当启动并组织实施相应的雷电灾害应急救援预案。

县级以上人民政府有关部门应当按照雷电灾害应急预案的分工,做好相应的应急工作。

有关单位和个人应当配合雷电灾害救援工作,并提供一切便利条件。

第二十四条 发生雷电灾害后,安全生产监督管理部门、气象主管机构应当会同有关部门及时组织调查,查明性质和责任,提出整改措施,并对责任单位和责任人提出处理意见。

任何单位和个人不得干扰、阻挠对雷电灾害的依法调查处理。

第二十五条 县级以上气象主管机构应当及时统计分析本行政区域内发生雷电灾害的情况,并向社会公布。

第四章　法律责任

第二十六条 违反本办法规定的行为,法律、法规、规章已有法律责任规定的,从其规定。

第二十七条 县级以上人民政府、气象主管机构和有关部门有下列行为之一的,对直接负责的主管人员和其他直接责任人员依法给予行政处分;构成犯罪的,依法追究刑事责任:

(一)未按照规定编制雷电灾害应急救援预案,或者未按照雷电灾害应急预案的要求履行职责的;

(二)对不符合技术标准的雷电防护装置设计方案作出行政许可的;

(三)对不符合条件的单位颁发雷电防护装置检测资质证书的;

(四)隐瞒、谎报或者授意他人隐瞒、谎报雷电灾害灾情的;

(五)在雷电灾害防御、应急处理中违反法律、法规和本办法规定,有其他渎职、失职行为的。

    第二十八条 违反本办法规定,有伪造、转让雷电防护装置检测资质证书的,由县级以上气象主管机构责令停止违法行为,可处以 2 万元以下的罚款;情节严重的,可处以 2 万元以上 5 万元以下的罚款;构成犯罪的,依法追究刑事责任;给他人造成损失的,依法承担赔偿责任。

第五章　附　　则

    第二十九条 在本省管辖的海域从事雷电灾害防御和应急救援活动,应当遵守本办法。

    第三十条 雷电灾害按照人员伤亡、经济损失、社会影响的程度,分为特大型、大型、中型、小型四级。具体划分标准,由省安全生产监督管理部门会同省气象主管机构拟订,报省人民政府确认。

    第三十一条 本办法自 2005 年 5 月 1 日起施行。

江西省雷电灾害防御办法

（2012 年 1 月 11 日江西省人民政府令第 197 号公布，2015 年 12 月 16 日江西省人民政府令第 219 号第一次修正，2017 年 12 月 4 日江西省人民政府令第 227 号第二次修正，2019 年 9 月 29 日江西省人民政府令第 241 号第三次修正，2023 年 9 月 12 日江西省人民政府令第 261 号第四次修正）

第一条 为了加强雷电灾害的防御，避免、减轻雷电灾害造成的损失，保护人民生命财产安全，根据《中华人民共和国气象法》、国务院《气象灾害防御条例》等法律、法规的规定，结合本省实际，制定本办法。

第二条 在本省行政区域内从事雷电灾害防御及其相关活动，应当遵守本办法。

本办法所称雷电灾害，是指因直击雷、雷电电磁脉冲等所造成的灾害。

第三条 雷电灾害防御工作实行以人为本、科学防御、部门联动、社会参与的原则。

第四条 县级以上人民政府应当加强对雷电灾害防御工作的组织、领导和协调，将雷电灾害的防御纳入国民经济和社会发展规划，所需经费纳入本级财政预算。

第五条 县级以上气象主管机构负责组织管理本行政区域内雷电灾害防御工作。

县级以上人民政府发展和改革、住房和城乡建设、自然资源、工业和信息化、公安、应急管理、市场监督管理等部门应当按照各自职责，做好雷电灾害防御相关工作。

第六条 各级人民政府、气象主管机构应当采取多种形式，向社会宣传普及雷电灾害防御知识，提高公众防御雷电灾害的意识和能力。

机关、企业、事业单位、村（居）民委员会，应当做好本单位、本区域群众性的雷电灾害防御科普知识的宣传。

中小学校应当把雷电灾害防御知识纳入科普教育内容，培养和提高学生的雷电灾害防御意识和自救互救能力。

第七条 省气象主管机构应当根据本省行政区域内雷击发生的频次，划分雷击风险等级区域，并向社会公布；对雷击风险等级较高区域的防雷工作，应当加强指导。

第八条 县级以上气象主管机构应当加强雷电和雷电灾害监测、预警预报系统建设，提高雷电和雷电灾害监测、预警预报的准确率、时效性。

县级以上气象主管机构所属的气象台站负责雷电和雷电灾害监测，并按照职责发布雷电灾害预警预报。其他任何组织或者个人不得向社会发布雷电灾害预警预报。

广播、电视、报纸、通信和信息网络等媒体收到气象主管机构所属气象台站要求播发雷电灾害预警预报信息后，应当及时无偿地向公众传播。

第九条 涉及公共安全的重大工程、爆炸和火灾危险场所、有毒有害危险化学品生产和贮存场所等建设项目，应当进行雷击风险评估。

各类开发区、工业园区、产业集聚区、新区、特色小镇和其他有条件的区域应当开展区域雷击风险评估。符合条件的工程建设项目不再单独进行雷击风险评估。

区域雷击风险评估，由承担区域管理职责的机构或者县级以上人民政府指定的部门组织实施。

第十条 雷击风险评估报告书应当包括以下内容：

（一）项目所在地雷电活动规律和地理、地质、土壤、植被等环境状况；

（二）雷电灾害可能造成危害的分析、预测和评估；

（三）防御和减轻雷电灾害的建议和措施；

（四）雷击风险评估结论。

雷击风险评估结论应当作为建设项目可行性论证和设计的技术依据。

第十一条 下列建（构）筑物、场所或者设施,有关单位应当按照国家技术标准和技术规范安装雷电防护装置(以下简称防雷装置),并与主体工程同时设计、同时施工、同时验收和投入使用:

(一)《建筑物防雷设计规范》规定的一、二、三类建(构)筑物;

(二)石油、化工等易燃易爆物品生产或者贮存场所;

(三)电力生产设施和输配电系统;

(四)通信设施、广播电视系统、计算机信息系统;

(五)法律、法规、规章和防雷技术规范规定必须安装防雷装置的其他场所和设施。

本办法所称防雷装置是指接闪器、引下线、接地装置、电涌保护器及其连接导体等构成的,用以防御雷电灾害的设施或者系统。

第十二条 从事防雷装置检测的单位,应当依法取得省气象主管机构颁发的资质证书,并按照资质等级承担相应的防雷装置检测工作。禁止无资质或者超出资质许可范围从事防雷装置检测。

从事电力、通信防雷装置检测的单位,应当依法取得国务院气象主管机构和国务院电力或者国务院通信主管部门共同颁发的资质证书。

从事防雷装置检测的专业技术人员应当通过省气象学会组织的防雷装置检测能力(水平)测试。

第十三条 省外取得防雷装置检测资质的单位,进入本省行政区域内从事防雷检测的,应当接受防雷装置所在地气象主管机构的监督管理。

第十四条 油库、气库、弹药库、化学品仓库、烟花爆竹、石化等易燃易爆建设工程和场所,雷电易发区内的矿区、旅游景点或者投入使用的建(构)筑物、设施等需要单独安装雷电防护装置的场所,以及雷电风险高且没有防雷标准规范、需要进行特殊论证的大型项目,其防雷装置设计审核由县级以上气象主管机构负责。县级以上气象主管机构应当自受理建设单位提交的申请和防雷装置设计文件之日起三个工作日内作出审核决定,对符合防雷标准的设计,出具《防雷装置设计核准书》;对不符合防雷标准的,出具《防雷装置设计修改意见书》,建设单位应当按照修改意见书进行修改。

未经审核同意的防雷装置设计,不得交付施工。

第十五条 安装防雷装置的施工单位应当按照审查或者审核通过的防雷装置设计进行施工。

防雷装置的建设单位应当委托具有防雷装置检测资质的单位对防雷装置的隐蔽工程进行逐项检测。检测不合格的,应当及时向建设单位提出书面整改意见。

检测单位应当记录检测数据,登记建档,并出具检测报告。检测单位对其出具的检测报告的真实性负责。

第十六条 油库、气库、弹药库、化学品仓库、烟花爆竹、石化等易燃易爆建设工程和场所,雷电易发区内的矿区旅游、景点或者投入使用的建(构)筑物、设施等需要单独安装重电防护装置的场所,以及雷电风险高且没有防雷标准规范、需要进行特殊论证的大型项目,由县级以上气象主管机构负责竣工验收。县级以上气象主管机构应当在受理建设单位验收申请之日起十个工作日内作出竣工验收决定。验收合格的,出具防雷装置验收合格文件;验收不合格的,建设单位应当按照气象主管机构的要求进行整改。

未经验收或者验收不合格的防雷装置,不得投入使用。

第十七条 按照本办法第十一条规定安装的防雷装置,使用单位应当做好日常维护工作。石油、化工、易燃易爆物品的生产和贮存场所,其防雷装置每半年检测一次,其他单位的防雷装置每年检测一次。检测不合格的防雷装置,使用单位必须在限期内整改。防雷装置检测单位应当出具检测报告,并对检测报告负责。

防雷装置检测收费作为经营服务性收费,具体收费标准由省人民政府价格主管部门根据防雷装置种类、检测的内容等情况核定后,向社会公布。

气象主管机构应当会同有关行政管理部门,加强对防雷装置检测工作的指导监督。

第十八条 防雷产品应当符合国家强制性标准,并具有产品合格证书和使用说明书。

在本省销售的防雷产品,经营单位应当接受省气象主管机构的监督检查。

禁止使用不符合国家强制性标准或者国家明令淘汰的防雷产品。

第十九条 县级以上气象主管机构应当会同乡(镇)人民政府制定农村防雷设施建设规划,报县级人民政府批准后组织实施。

农村中小学校、农村集贸市场等人员密集场所和雷击风险等级较高的村民集中居住区,乡(镇)人民政府应当组织安装防雷装置。气象主管机构应当进行指导和检查。

第二十条 气象主管机构应当加强对防雷装置使用和维护情况的监督检查,发现违反雷电灾害防御管理规定或者雷击安全隐患,应当及时通知有关单位或者个人采取措施,限期改正;发现重大雷击安全隐患,应当及时向有关单位和个人发出整改通知书,限期整改,必要时,应当向所在地县级以上人民政府和上级气象主管机构报告。

第二十一条 遭受雷电灾害的组织和个人,应当迅速开展自救互救,并及时向当地人民政府和气象主管机构报告,不得隐瞒不报、谎报。

当地人民政府和气象主管机构接到报告后,应当立即派人赶赴现场,并按照国家和省有关规定开展抢险救灾、及时将雷电灾害情况上报上一级行政机关。

第二十二条 雷电灾害发生后,气象主管机构应当及时开展雷电灾害调查和鉴定,查清雷电灾害原因和性质,提出整改措施。

调查和鉴定报告应当及时上报同级人民政府和上级气象主管机构。

第二十三条 气象主管机构及其工作人员在核发防雷装置检测资质证书,有关部门在审核防雷装置设计,进行防雷装置竣工验收等活动中,徇私舞弊、玩忽职守、滥用职权的,由其上级机关或者监察机关责令改正;情节严重的,对相关责任人员依法给予处分;构成犯罪的,依法追究刑事责任。

第二十四条 违反本办法规定的行为,法律、法规以及规章已有处罚规定的,适用其规定。

第二十五条 本办法自 2012 年 3 月 1 日起施行。

河南省防雷减灾实施办法

（2004 年 6 月 19 日河南省人民政府令第 81 号公布，根据 2018 年 7 月 19 日河南省人民政府令第 185 号修改）

第一条 为了加强雷电灾害防御工作，保护国家利益和人民生命财产安全，促进经济建设和社会发展，依据《中华人民共和国气象法》《河南省气象条例》和国家有关规定，结合本省实际，制定本办法。

第二条 本省行政区域内防御和减轻雷电灾害（以下简称防雷减灾）活动适用本办法。

第三条 县级以上人民政府应当加强对防雷减灾工作的领导和协调，将防雷减灾工作所需经费纳入财政预算，组织编制雷电灾害防御规划，建立雷电灾害监测预警系统，提高防雷减灾能力。

第四条 县级以上气象主管机构在本级人民政府的领导下负责本行政区域内的防雷减灾工作。各级公安、质量技术监督和建设等行政主管部门，应当按照各自的职责配合气象主管机构做好防雷减灾工作。

第五条 下列场所或者设施，必须安装雷电灾害防护装置（以下简称防雷装置）：

（一）国家强制性技术规范规定必须安装防雷装置的建（构）筑物；

（二）石油、化工、易燃易爆物资和危险品的生产、贮存场所；

（三）电力生产设施和输配电系统；

（四）重要的计算机设备和网络系统、通信设施、广播电视设施；

（五）大型物资仓库、高空娱乐游乐设施和交通运输、医疗卫生、金融证券等公共服务机构的主要设施；

（六）法律、法规、规章规定的其他场所和设施。

第六条 安装的防雷装置应当符合国务院气象主管机构规定的使

用要求,并按照国家和本省防雷技术规范和标准设计、施工。

新建建(构)筑物及附属设施的防雷装置应当与主体工程同时设计、同时施工、同时投入使用。

第七条 各类建(构)筑物、场所和设施安装雷电防护装置应当符合国家有关防雷标准的规定。新建、改建、扩建建(构)筑物、场所和设施的雷电防护装置应当与主体工程同时设计、同时施工、同时投入使用。新建、改建、扩建建设工程雷电防护装置的设计、施工,可以由取得相应建设、公路、水路、铁路、民航、水利、电力、核电、通信等专业工程设计、施工资质的单位承担。

油库、气库、弹药库、化学品仓库和烟花爆竹、石化等易燃易爆建设工程和场所,雷电易发区内的矿区、旅游景点或者投入使用的建(构)筑物、设施等需要单独安装雷电防护装置的场所,以及雷电风险高且没有防雷标准规范、需要进行特殊论证的大型项目,其雷电防护装置的设计审核和竣工验收由县级以上气象主管机构负责。未经设计审核或者设计审核不合格的,不得施工;未经竣工验收或者竣工验收不合格的,不得交付使用。

房屋建筑、市政基础设施、公路、水路、铁路、民航、水利、电力、核电、通信等建设工程的主管部门,负责相应领域内建设工程的防雷管理。

第八条 各级气象主管机构应当会同有关部门加强对防雷装置检测工作的指导。

防雷装置应当每年定期检测,对爆炸危险环境的防雷装置可以每半年检测一次。对需要进行防静电接地保护装置检测的场所进行防雷装置检测的同时应当进行防静电检测。

防雷检测单位对防雷装置的检测,应当执行国家和本省有关技术标准和规范,保证检测数据的真实、有效。检测后应当出具检测报告。防雷装置定期检测不合格的,当地气象主管机构应当责令使用单位整改。

当地气象主管机构应当组织有关单位对防雷装置检测结果进行抽检。

第九条　防雷装置使用单位应当做好防雷装置的日常维护工作。使用中发现的问题,应当及时维修或者报告承担该装置检测的单位进行处理,并接受当地气象主管机构和当地人民政府安全生产管理部门的监督检查。

第十条　防雷产品应当符合国家标准。防雷产品的使用应当接受各级气象主管机构的监督检查。禁止安装、使用不合格的防雷产品。

第十一条　各级气象主管机构负责组织雷电灾害调查、鉴定与统计工作,有关部门和单位应当予以协助。

遭受雷电灾害的单位和个人,应当及时向当地气象主管机构报告。气象主管机构对雷电灾情应当按照规定向当地人民政府及负责安全生产监督管理的部门和上级气象主管机构报告。

第十二条　气象主管机构及其工作人员有下列行为之一的,对其直接负责的主管人员或者其他直接责任人员依法给予行政处分;构成犯罪的,依法追究刑事责任:

(一)不按照法定程序和技术规范对防雷工程设计进行审核的;

(二)不按照法定程序和技术规范对防雷工程进行竣工验收的;

(三)不按照技术规范对防雷装置的安装、使用进行监督检测的;

(四)有其他徇私舞弊、玩忽职守、滥用职权行为的。

第十三条　违反本办法规定,气象法律、法规有行政处罚规定的,依照有关法律、法规的规定予以处罚。有下列行为之一的,由县级以上气象主管机构责令改正,拒不改正造成损失的,对直接负责的主管人员和其他直接责任人员依法给予行政处分;构成犯罪的,依法追究刑事责任:

(一)防雷工程设计未经审核同意擅自施工的;

(二)防雷工程未经竣工验收或者竣工验收不合格投入使用的;

(三)违反防雷技术规范、技术标准进行防雷装置检测的;

(四)安装、使用的防雷装置不合格或者不符合使用要求拒不整改的。

第十四条　本办法下列用语的含义:

(一)雷电灾害:是指因直击雷、雷电感应、雷电感应的静电、雷电波侵入等造成的人员伤亡、财产损失。

（二）防雷工程：是指防雷装置建设工程。按其性能分为直击雷防护工程和雷电电磁脉冲防护工程。

（三）防雷装置：是指接闪器、引下线、接地装置、电涌保护器及其他连接导体等防雷产品和设施的总称。

第十五条 本办法自 2004 年 8 月 1 日起施行。

广东省防御雷电灾害管理规定

(2021年7月7日广东省人民政府令第284号公布)

第一章 总 则

第一条 为了加强雷电灾害的防御,避免、减轻雷电灾害造成的损失,保障人民生命财产安全,根据《中华人民共和国气象法》《气象灾害防御条例》等有关法律、法规,结合本省实际,制定本规定。

第二条 本规定适用于本省行政区域内从事防御雷电灾害的活动。

第三条 防御雷电灾害工作坚持以人为本、安全第一、预防为主、防治结合的原则。

第四条 各级人民政府应当将防御雷电灾害工作纳入公共安全监督管理范围,加强对防御雷电灾害工作的组织领导,建立健全协调机制,逐步加大对防御雷电灾害工作的投入。

第五条 各级气象主管机构负责管理、指导和监督本行政区域内的防御雷电灾害工作,组织做好雷电监测和预报预警、雷电易发区域划定、雷电灾害风险评估、雷电灾害调查鉴定、雷电防护装置检测管理等工作。

县级以上人民政府住房城乡建设、交通运输、水利、农业农村、教育、应急管理、电力、通信等部门应当在各自的职责范围内做好防御雷电灾害工作。

第六条 县级以上人民政府应当鼓励和支持防御雷电灾害科学技术研究与开发,推广应用先进的防御雷电灾害技术,推动建立防御雷电灾害先进标准体系。

各级气象主管机构及政府有关部门应当加强防御雷电灾害标准化

建设,组织做好防御雷电灾害标准的宣传贯彻实施。

鼓励和支持有条件的地区和单位建设雷电科学实验场所,开展防御雷电灾害新技术研究。

第七条 防御雷电灾害行业协会应当加强行业自律,规范行业行为,提高行业技术能力和服务水平。

鼓励防御雷电灾害行业协会推动防御雷电灾害团体标准建设,提供信息、培训等服务。

第八条 公民、法人和其他组织应当配合并参与防御雷电灾害活动,根据雷电灾害预警信息及时做好应急准备,依法服从有关部门的指挥,开展自救互救。

第九条 各级人民政府、有关部门应当利用各类传播媒介向社会宣传普及防御雷电灾害法律法规和科学知识,提高社会公众防雷减灾意识和能力。

县级以上人民政府教育行政部门应当督促学校将防御雷电灾害知识纳入有关课程或者课外教育内容,培养和提高学生的防范意识和自救互救能力。

第二章　风险预防与监测预警

第十条 各级气象主管机构应当根据本行政区域的地形、地质、地貌及雷电活动情况等因素,划定雷电易发区域及其防范等级,并向社会公布。

第十一条 大型建设工程、重点工程、爆炸和火灾危险环境、人员密集场所等项目应当进行雷电灾害风险评估,以确保公共安全。

自由贸易试验区、开发区、产业园区、新区及其他有条件区域应当开展工程建设项目区域雷电灾害风险评估。符合条件的工程建设项目不再单独进行雷电灾害风险评估。

区域雷电灾害风险评估,由承担区域管理职责的机构或者县级以上人民政府指定的部门组织实施。

第十二条 鼓励建立雷电灾害保险制度。

鼓励大型建设工程、重点工程、爆炸和火灾危险环境、人员密集场所等项目购买雷电灾害保险,减少雷电灾害造成的损失。

第十三条 各级气象主管机构应当按照合理布局、信息共享、有效利用的原则建设雷电监测网,完善雷电监测和预警系统,确保监测和预警系统的正常运行。

各级气象主管机构所属的气象台站应当加强对雷电灾害性天气的监测,及时向社会发布雷电灾害性天气预报、预警。

第十四条 雷电灾害性天气发生时,有关单位应当根据实际情况,按照防御指引或者标准规范采取相应的应急措施。

第三章 雷电防护装置

第十五条 新建、改建、扩建建(构)筑物、场所和设施应当按照有关标准和规定安装雷电防护装置,并与主体工程同时设计、同时施工、同时投入使用。

农村地区的学校、候车亭、文化体育场馆等公共场所以及雷电灾害风险等级较高的村民集中居住区和种养殖区应当按照有关标准安装雷电防护装置。雷电防护装置的安装和维护应当列入农村社会公益事业建设计划。

第十六条 新建、改建、扩建建设工程的雷电防护装置的设计、施工,可以由取得相应建设、公路、水路、铁路、民航、水利、电力、核电、通信等专业工程设计、施工资质的单位承担。

第十七条 新建、改建、扩建建设工程的雷电防护装置的建设、设计、施工、监理、检测单位,按照相应职责承担建设工程雷电防护装置质量安全责任。

建设工程设计单位应当在编制项目设计文件时,同步编制雷电防护装置的设计文件,执行工程建设强制性标准,并对建设项目雷电防护装置设计全面负责。

雷电防护装置施工单位应当按照通过审查的设计文件和施工技术标准进行施工。

雷电防护装置检测单位应当按照国家有关标准和规范,根据施工进度进行分项检测,出具检测意见,并对检测数据的真实性负责。

建设工程监理单位应当根据施工进度对雷电防护装置施工质量实施监理,并对施工质量承担监理责任。

第十八条 雷电防护装置应当每年检测一次,爆炸和火灾危险环境场所的雷电防护装置应当每半年检测一次。

雷电防护装置检测单位对检测合格的雷电防护装置,应当出具检测报告和检测标识,并对检测报告的真实性负责。

雷电防护装置检测单位对检测不合格的雷电防护装置,应当提出整改意见;拒不整改或者整改不合格的,雷电防护装置检测单位应当报告当地气象主管机构,由当地气象主管机构依法作出处理。

第十九条 从事雷电防护装置检测的单位应当依法取得气象主管机构颁发的资质证。

从事电力、通信雷电防护装置检测的单位应当依法取得国务院气象主管机构和国务院电力或者国务院通信主管部门共同颁发的资质证。

第二十条 已安装雷电防护装置的单位或者个人应当做好雷电防护装置的日常维护工作,并委托有相应资质的雷电防护装置检测单位进行定期检测;有物业服务人的,物业服务人应当按照物业服务合同的约定对物业服务区域内的雷电防护装置进行维护管理和委托检测。

鼓励采用新技术对雷电防护装置的工作状态和有效性进行在线实时监测。

第四章 监督管理

第二十一条 各级气象主管机构负责下列工程、场所的雷电防护装置的设计审核和竣工验收:

(一)油库、气库、弹药库、化学品仓库和烟花爆竹、石化等易燃易爆建设工程和场所;

(二)雷电易发区内的矿区、旅游景点或者投入使用的建(构)筑物、设施等需要单独安装雷电防护装置的场所；

(三)雷电风险高且没有防雷标准规范、需要进行特殊论证的大型项目。

未经设计审核或者设计审核不合格的,不得施工;未经竣工验收或者竣工验收不合格的,不得交付使用。

第二十二条 房屋建筑、市政基础设施、公路、水路、铁路、民航、水利、电力、核电、通信等建设工程的主管部门,负责相应领域内建设工程的防御雷电灾害管理,并将雷电防护装置的施工、检测、竣工验收等信息数据与防雷安全监管平台共享。

第二十三条 各级气象主管机构负责对由其设计审核和竣工验收后投入使用的雷电防护装置实施安全监管;住房城乡建设、交通运输、水利、电力、通信等部门负责对本领域投入使用的雷电防护装置实施安全监管。

第二十四条 各级气象主管机构和住房城乡建设、交通运输、水利、电力、通信等部门应当建立协同监管和联合执法机制,对雷电防护装置检测活动实施监督管理。

第二十五条 省气象主管机构应当建立雷电防护装置检测质量管理制度。

各级气象主管机构应当加强对雷电防护装置检测单位检测活动的质量监管,定期组织检测质量检查。

第二十六条 省、地级以上市气象主管机构应当建立雷电防护装置检测单位从业信息档案,将在本行政区域内从事雷电防护装置检测活动的单位名称、资质等级、主要技术人员信息、检测活动、检测质量检查结果和监督管理等信息纳入从业信息档案,并按照国家规定向社会公示检测单位的行政许可、行政处罚信息。

第二十七条 各级气象主管机构和住房城乡建设、交通运输、水利、电力、通信等部门应当根据防御雷电灾害工作情况,制订年度监督检查计划,加强防御雷电灾害监督管理,督促落实防御雷电灾害责任。

第二十八条 雷电灾害发生后,气象主管机构应当会同其他有关部门组织开展灾害调查鉴定工作,按照实事求是、尊重科学的原则,及时、准确做出调查结论,分析雷电灾害原因,提出整改措施和处理意见。

有关单位和个人应当协助气象主管机构和其他有关部门开展雷电灾害的调查鉴定工作,不得干扰、阻挠对雷电灾害的调查处理。

第五章　法律责任

第二十九条　各级人民政府、气象主管机构和其他有关部门及其工作人员违反本规定,未依法履行职责的,由上级机关责令改正;情节严重的,对直接负责的主管人员和其他直接责任人员依法给予处分;构成犯罪的,依法追究刑事责任。

第三十条　违反本规定的行为,由气象主管机构或者其他有关部门依照有关法律、法规和规章规定给予行政处罚。

第六章　附　　则

第三十一条　本规定自 2021 年 9 月 1 日起施行。

广西壮族自治区防御雷电灾害管理办法

（2001年1月22日广西壮族自治区人民政府令第1号发布，根据2004年6月29日广西壮族自治区人民政府令第7号第一次修正，根据2010年11月15日广西壮族自治区人民政府令第60号第二次修正，根据2018年8月9日广西壮族自治区人民政府令第128号第三次修正）

第一条　为了防御和减轻雷电灾害（以下简称防雷减灾），保护国家财产和人民生命财产安全，保障经济建设顺利进行，根据《中华人民共和国气象法》，结合自治区实际，制定本办法。

第二条　凡在自治区行政区域内从事防雷减灾活动的单位和个人，必须遵守本办法。

第三条　防雷减灾工作实行预防为主、防治结合的方针，坚持统一规划、统一部署、统一管理的原则。

第四条　县级以上气象行政主管部门负责本行政区域内的防雷减灾工作。

未设气象行政主管部门的县、市辖区，其防雷减灾工作由上一级气象行政主管部门负责。

建设、公安消防、质量技术监督等有关行政主管部门应当按照各自职责，协助气象行政主管部门做好防雷减灾工作。

第五条　县级以上人民政府应当组织气象等有关部门对本行政区域内发生雷电灾害的次数、强度和造成的损失等情况开展普查，建立雷电灾害数据库，并按照国家有关规定进行雷电灾害风险评估，划定雷电灾害风险区域，采取有效措施，做好防雷减灾工作，提高防雷减灾的能力。

第六条　各级气象行政主管部门应当会同有关部门组织对防雷减

灾技术、防雷产品以及雷电监测、预警系统的研究、开发和推广应用,开展防雷减灾科普宣传,增强全社会防雷减灾意识。

第七条 下列场所或者设施必须安装雷电灾害防护装置(以下简称防雷装置):

(一)《建筑物防雷设计规范》规定的一、二、三类防雷建(构)筑物;

(二)石油、化工、易燃易爆物资的生产或者贮存场所;

(三)电力生产设施和输配电系统;

(四)通信设施、广播电视系统、计算机信息系统;

(五)法律、法规、规章和防雷技术规范规定必须安装防雷装置的其他场所和设施。

第八条 防雷装置设计单位应当根据当地雷电活动规律和地理位置、地质、土壤、环境等外界条件,结合雷电防护对象的防护范围和目的,严格按照国家和自治区规定的防雷技术规范和技术标准进行设计。

第九条 房屋建筑、市政基础设施、公路、水路、铁路、民航、水利、电力(包括水电、火电、核电、风电等)、通信等建设工程,按照《气象灾害防御条例》第二十三条规定由建设行政主管部门或者其他有关部门负责防雷管理。

油库、气库、弹药库、化学品仓库和烟花爆竹、石化等易燃易爆建设工程和场所,雷电易发区内的矿区、旅游景点或者投入使用后又单独安装防雷装置的建(构)筑物、设施,以及雷电风险高且没有防雷标准规范、需要进行特殊论证的大型项目,建设单位应当将其防雷装置设计文件直接报送气象行政主管部门审核。

防雷装置设计文件需要变更的,建设单位应当按原审核程序报批。

防雷装置设计文件未经审核或者审核不合格的,建设单位不得施工。

第十条 气象行政主管部门应当自收到防雷装置设计文件审核申请之日起 10 个工作日内出具审核结论。

防雷装置设计文件不符合国家和自治区规定的防雷技术规范和技术标准的,应当按照审核结论进行修改并重新报送审核。

第十一条 防雷装置施工单位应当按照经审核合格的防雷装置设

计文件进行施工,并接受气象行政主管部门的监督和技术指导。

气象行政主管部门应当根据建设项目施工进度,对防雷装置安装情况进行检查,并将检查结果书面告知施工单位。

第十二条 本办法第九条规定由气象行政主管部门负责防雷装置设计审核的场所或者设施,其防雷装置竣工后必须经气象行政主管部门验收;防雷装置未经验收或者经验收不合格的,不得投入使用。

第十三条 从事防雷装置检测业务的,必须取得国务院气象主管机构或者自治区气象主管机构颁发的资质证。

防雷装置检测机构应当按照资质核定的检测项目、范围和防雷技术规范、技术标准开展检测工作。

第十四条 防雷装置使用单位应当建立相应的安全检查制度,并按照国家防雷技术规范要求做好日常维护和安全检测工作。

气象行政主管部门应当会同有关部门加强对防雷装置安全检测工作的监督检查;防雷装置存在安全隐患的,应当责令其立即整改。

第十五条 防雷装置检测机构出具的检测数据必须公正、准确,并按照约定承担相应的民事责任。

第十六条 防雷产品应当符合国家和自治区规定的质量要求,并经质量检验机构检验合格。

进口的防雷产品应当符合国家强制性标准要求。

禁止生产、销售、安装、使用不合格或者国家明令淘汰的防雷产品。

第十七条 遭受雷电灾害的单位和个人应当及时向气象行政主管部门报告灾情,并积极协助气象行政主管部门对雷电灾害进行调查和鉴定。

气象行政主管部门应当自接到雷电灾情报告之日起 15 个工作日内作出雷电灾害鉴定书。

第十八条 违反本办法第七条规定,应当安装防雷装置而未安装的,由气象行政主管部门给予警告,责令改正。

第十九条 违反本办法,有下列行为之一的,由气象行政主管部门给予警告,责令限期改正;逾期不改正的,处以 1000 元以上 1 万元以下的罚款:

（一）防雷装置设计文件未经审核或者审核不合格，擅自施工的；

（二）变更防雷装置设计文件未按原审核程序报批的；

（三）防雷装置未经验收或者验收不合格，擅自投入使用的；

（四）防雷装置使用单位对防雷装置不进行安全检测或者对存在的安全隐患不整改的；

（五）防雷装置检测机构未按照资质核定的检测项目、范围和防雷技术规范、技术标准进行检测的。

第二十条 违反本办法规定，导致雷击爆炸、人员伤亡和财产严重损失等雷击事故的，对直接负责的主管人员和其他直接负责人员依法给予行政处分或者纪律处分；构成犯罪的，依法追究刑事责任；造成他人伤亡和财产损失的，应当依法承担赔偿责任。

第二十一条 违反本办法规定的其他行为，依照有关法律、法规、规章的规定处理。

第二十二条 气象行政主管部门在防雷减灾工作中滥用职权、玩忽职守、徇私舞弊的，依法给予行政处分；构成犯罪的，依法追究刑事责任。

第二十三条 本办法中下列用语的含义是：

（一）雷电灾害，是指因直击雷、雷电感应、雷电感应的静电、雷电波侵入等造成人员伤亡、财产损失。

（二）防雷装置，是指具有防御直击雷、雷电感应和雷电波侵入性能并安装在建（构）筑物等场所和设施的接闪器、引下线、接地装置、抗静电装置、电涌保护器以及其他连接导体等防雷产品和设施的总称。

第二十四条 本办法自 2001 年 3 月 1 日起施行。

重庆市防御雷电灾害管理办法

（2019 年 7 月 18 日重庆市人民政府令第 327 号公布）

第一章 总 则

第一条 为了防御雷电灾害，保护人民生命财产安全，保障经济社会发展，根据《中华人民共和国气象法》《气象灾害防御条例》《重庆市气象灾害防御条例》和有关法律、法规和规章，结合本市实际，制定本办法。

第二条 在本市行政区域内，从事防御雷电灾害的活动，适用本办法。

第三条 防御雷电灾害工作遵循预防为主、防治结合的原则，坚持政府主导、属地管理、单位负责。

第四条 市、区县（自治县）人民政府应当加强对防御雷电灾害工作的组织领导，建立健全协调机制，督促各有关部门依法履行防御雷电灾害职责，将防御雷电灾害纳入公共安全监督管理范围，防御雷电灾害工作所需资金纳入本级财政预算。

乡（镇）人民政府、街道办事处应当协助上级人民政府、气象主管机构或者有关部门履行防御雷电灾害职责。

第五条 市、区县（自治县）气象主管机构应当加强对防御雷电灾害工作的组织管理，做好雷电监测、预报预警、雷电灾害调查鉴定、防雷科普宣传、雷电易发区域划分和职责范围内的防雷安全监管工作。

未设气象主管机构的区县（自治县）人民政府应当指定有关部门，在市气象主管机构指导下，做好前款规定的相关工作。

教育、科技、经济信息、住房城乡建设、城市管理、交通、水利、商务、文化旅游、卫生健康、应急、市场监管、通信等部门应当按照各自职责，做好有关防御雷电灾害工作。

第六条 市人民政府应当组织开展防御雷电灾害科学技术研究与开发，推广应用防御雷电灾害科技研究成果，加强防御雷电灾害工作的标准化建设。

第七条 市、区县（自治县）气象主管机构应当利用各类大众传播媒介向社会宣传普及防御雷电灾害知识，增强公众防御雷电灾害意识，提高应急避险、自救互救能力。

学校应当把防御雷电灾害知识纳入教育内容，培养和提高学生的雷电灾害防范意识和自救互救能力。教育、气象、科技等部门应当给予指导和监督。

鼓励法人和其他组织结合实际开展防御雷电灾害知识的科普宣传。

第二章 监测、预警与发布

第八条 市、区县（自治县）气象主管机构应当加强雷电监测和预报预警基础业务体系建设，提高雷电灾害监测预警和防雷减灾服务能力。

第九条 市、区县（自治县）人民政府应当组织气象等有关部门按照合理布局、信息共享、有效利用的原则，建立并完善雷电监测站网。

市、区县（自治县）气象主管机构所属气象台站应当按照职责开展雷电监测，及时发布雷电预报、预警信息。

第十条 广播、电视、报刊、网络等媒体和基础电信运营企业应当及时、准确、无偿将雷电预警信息向社会传播，对重大雷电天气的补充预警信息，有关媒体应当及时插播或者增播。

第十一条 市、区县（自治县）气象主管机构应当根据本行政区域雷电发生情况，划分本行政区域雷电灾害高风险区、较高风险区和一般风险区，并向社会公布。

第十二条 市气象主管机构应当统计分析本市雷电活动及灾害的发生情况，定期向社会发布雷电监测公报。

第三章　雷电防护装置安装与维护

第十三条　建（构）筑物、场所和设施应当按照国家有关技术标准和规定安装雷电防护装置。

新建、改建、扩建建设工程的雷电防护装置，应当与主体工程同时设计、同时施工、同时投入使用。

第十四条　雷电防护产品应当符合国家有关质量标准。禁止销售、安装、使用不合格的雷电防护产品。

第十五条　雷电防护装置设计应当符合国家有关技术标准，并适应雷电活动规律和防护需求。

第十六条　雷电防护装置施工应当符合设计要求，并根据施工进度，分阶段进行检测。

第十七条　已投入使用的雷电防护装置所有权人或者管理人应当承担雷电防护装置管理的主体责任，对雷电防护装置进行日常维护，委托具备相应雷电防护装置检测资质的单位进行定期检测，做好维护、检测、整改记录，保持安全防护性能良好。

雷电防护装置每年检测一次，其中易燃、易爆、危险场所的雷电防护装置，每半年检测一次。法律法规、技术标准有特殊规定的，从其规定。

第四章　防御雷电灾害重点单位管理

第十八条　下列单位应当列为防御雷电灾害重点单位：

（一）易燃易爆物品、危险化学品的生产、充装、储存、供应或者销售单位；

（二）学校、医院、机场、车站、码头以及大型体育场馆、露天演艺场所、游乐场所、会展场馆等人员密集场所的经营管理单位；

（三）电力、燃气、供水、通信、广电等电子设备密集且对国计民生有重大影响的企业事业单位；

（四）AAA 级以上旅游景区、世界自然遗产地的经营管理单位，国家二级以上博物馆、全国重点文物保护单位；

（五）城市轨道交通以及悬索桥、斜拉桥等高耸结构类型桥梁的经营管理单位；

（六）大型生产、大型制造业单位或者大型劳动密集型企业；

（七）其他因雷击容易造成人员伤亡、较大财产损失或者发生安全事故的单位。

第十九条 防御雷电灾害重点单位应当承担防雷安全主体责任，加强防雷安全管理，建立各项防雷安全制度，落实防雷安全责任制，明确防雷安全管理机构或者人员，保障本单位防御雷电灾害工作所必需的经费，并加强监督考核。

第二十条 防御雷电灾害重点单位的主要负责人是本单位防雷安全第一责任人，对本单位防雷安全工作负总责。

防雷安全管理机构或者人员应当履行下列职责：

（一）制定防雷安全制度，督促落实防雷安全措施；

（二）组织开展防雷安全隐患排查与整治；

（三）组织开展防雷安全宣传、教育和培训。

第二十一条 防御雷电灾害重点单位应当制定完善雷电灾害应急预案，或者在单位综合应急预案中包含雷电灾害应急内容。

防御雷电灾害重点单位应当每年至少组织一次包含雷电灾害应急内容的演练，并做好记录和存档。

第五章 应急响应与处置

第二十二条 雷电天气时，有关单位根据实际情况，按照相应的防御指引或者标准规范，可以采取以下应急措施：

（一）发出警示信息；

（二）组织人员撤离、对留滞人员提供安全防雷避险场所；

（三）停止作业、切断危险源；

（四）停止营业、关闭相关区域；

（五）其他有效的应急措施。

第二十三条　雷电灾害发生后,市、区县(自治县)人民政府、有关部门应当立即采取措施,按相关程序启动应急响应,开展应急处置。

有关单位和个人应当配合雷电灾害应急处置工作,为应急处置提供便利条件。

第二十四条　遭受雷电灾害的单位和个人应当及时向当地气象主管机构报告灾情,市、区县(自治县)气象主管机构接到雷电灾情报告后,应当组织人员开展雷电灾害调查和鉴定,并按相关规定及时报告同级人民政府和上级气象主管机构,通报同级应急管理部门。

有关单位和个人应当协助气象主管机构开展雷电灾害的调查和鉴定工作。

第六章　监督管理

第二十五条　市、区县(自治县)人民政府应当根据本行政区域防雷安全状况,组织有关部门按照职责分工加强对企业事业单位的防雷安全监督管理,对防御雷电灾害重点单位进行重点检查。

市、区县(自治县)气象主管机构和教育、经济信息、住房城乡建设、城市管理、交通、水利、商务、文化旅游、卫生健康、应急、通信等有关部门,应当按其职责将防雷安全纳入本行业、本领域的安全管理,对防御雷电灾害重点单位执行防雷法律法规、履行防雷安全责任、落实防雷安全管理制度、开展雷电防护装置检查检测以及隐患整改等情况进行指导和检查。

第二十六条　下列建设工程安装雷电防护装置,应当经区县(自治县)气象主管机构设计审核和竣工验收;未设气象主管机构的区县(自治县)由市气象主管机构负责防雷装置的设计审核和竣工验收工作;未经设计审核或者设计审核不合格的,不得施工;未经竣工验收或者竣工验收不合格的,不得交付使用:

（一）油库、气库、弹药库、化学品仓库和烟花爆竹、石化等易燃易爆建设工程和场所;

（二）雷电易发区内的矿区、旅游景点或者投入使用的建（构）筑物、设施等需要单独安装雷电防护装置的场所；

（三）雷电风险高且没有防雷标准规范、需要进行特殊论证的大型项目。

房屋建筑工程和市政基础设施工程雷电防护装置设计审核、竣工验收，整合纳入建筑工程施工图审查、竣工验收备案，由住房城乡建设部门监管。公路、水路、铁路、民航、水利、电力、核电、通信等专业建设工程防雷管理，由各专业部门负责。

第二十七条 从事雷电防护装置检测的单位应当按照《气象灾害防御条例》的规定取得资质证书，并在资质许可范围内从事雷电防护装置检测活动。禁止无资质承接雷电防护装置检测业务。

第二十八条 雷电防护装置检测单位开展检测活动应当执行国家有关标准，并对检测数据和检测报告的合法性、真实性和准确性负责。

雷电防护装置检测单位不得有下列行为：

（一）超出资质许可范围从事检测活动；

（二）伪造、涂改、出租、出借、挂靠使用、转让资质证书；

（三）伪造、篡改检测数据或者冒用签章，出具虚假检测报告；

（四）转包或者违法分包检测业务；

（五）使用不符合条件的检测人员；

（六）其他违反法律、法规的行为。

第二十九条 市气象主管机构应当建立雷电防护装置检测信息管理系统。

雷电防护装置检测单位应当对检测业务受理、检测数据采集、检测报告出具、检测档案管理等检测活动进行记录，并将相关检测信息录入雷电防护装置检测信息管理系统。

第三十条 市气象主管机构应当建立雷电防护装置检测单位信用管理制度和守信激励、失信惩戒机制，将雷电防护装置检测单位的检测活动和监督管理等信息纳入信用档案，并通过信用信息平台及时向社会公布。

第三十一条 雷电防护装置检测相关协会组织应当加强行业自

律,规范行业行为,提高行业技术能力和服务水平。

第七章 法律责任

第三十二条 防御雷电灾害重点单位未建立防雷安全规章制度、未组织开展防雷安全隐患排查与整治的,由气象主管机构或者其他有关部门按照权限责令限期改正;逾期未改正的,可以处 1000 元以上 1 万元以下的罚款。

第三十三条 雷电防护装置检测单位在检测中有伪造、篡改检测数据或者冒用签章、出具虚假检测结论等弄虚作假行为的,由气象主管机构按照权限处 5 万元以上 10 万元以下的罚款,有违法所得的,没收违法所得;给他人造成损失的,依法承担赔偿责任。

第三十四条 雷电防护装置检测单位未按要求将相关检测信息录入雷电防护装置检测信息管理系统的,由气象主管机构责令限期改正,逾期未改正的,给予警告。

第三十五条 违反本办法规定,造成雷击火灾、爆炸、人员伤亡以及重大财产损失的,应当依法追究有关单位及其责任人员的责任;涉嫌犯罪的,依法移送司法机关处理。

第三十六条 国家工作人员在防御雷电灾害活动中违反本办法规定,玩忽职守、滥用职权的,由其主管部门或者有权机关给予政务处分;涉嫌犯罪的,依法移送司法机关处理。

第三十七条 违反本办法第十三条、第十七条、第二十六条、第二十七条、第二十八条规定的其他行为,法律法规有处罚规定的,从其规定。

第八章 附 则

第三十八条 本办法中下列用语的含义:

(一)雷电灾害是指由于直击雷、雷电感应、雷电波侵入、雷击电磁脉冲等造成的人员伤亡、财产损失。

（二）雷电防护装置是指接闪器、引下线、接地装置、电涌保护器及其连接导体等构成的，用以防御雷电灾害的设施或者系统。

第三十九条 本办法自公布之日起施行。《重庆市防御雷电灾害管理办法》（重庆市人民政府令第 78 号）同时废止。

四川省雷电灾害防御管理规定

（2009年4月21日四川省人民政府令第235号公布，根据2017年11月28日四川省人民政府令第324号修正）

第一条 为了防御和减轻雷电灾害，保护人民生命财产安全，促进经济社会可持续发展，根据《中华人民共和国气象法》《四川省气象灾害防御条例》等法律法规，结合四川省实际，制定本规定。

第二条 在本省行政区域内从事雷电灾害防御活动，应当遵守本规定。

第三条 县级以上地方人民政府应当加强雷电灾害防御工作的组织领导，将雷电灾害防御工作纳入同级国民经济和社会发展规划，建立健全雷电灾害应急处置方案，所需经费纳入同级财政预算。

第四条 县级以上气象主管机构负责本行政区域内雷电灾害防御工作的组织管理。

县级以上地方人民政府其他有关部门按照职责做好雷电灾害防御相关工作。

第五条 县级以上气象主管机构应当组织开展雷电灾害防御科普知识宣传和培训，提高公众防御雷电灾害的意识和能力。

机关、企业、事业单位和群众性自治组织，应当做好本单位雷电灾害防御科普知识的宣传。

第六条 县级以上气象主管机构所属的气象台站负责雷电天气监测，并按照职责发布雷电天气预警预报。其他任何组织或个人不得向社会发布雷电天气预警预报。

广播、电视、报纸、通信和信息网络等媒体收到气象主管机构所属气象台站要求播发的雷电天气预警预报信息后，应当及时无偿地向公众传播。

第七条 下列建(构)筑物、场所或设施,应当安装雷电灾害防护装置(以下简称防雷装置),与主体工程同时设计、同时施工、同时投入使用:

(一)《建筑物防雷设计规范》规定的一、二、三类防雷建(构)筑物;

(二)计算机信息网络系统;

(三)石油、燃气等易燃易爆物资及其他危险化学品的生产、储存、输送、销售等场所和设施;

(四)学校、医院、交通运输、通信、广播电视、金融证券、文化体育、商业、旅游、文物等公共场所和设施;

(五)大型娱乐、游乐场所和设施;

(六)按照有关法律、法规、规章的规定应当安装防雷装置的其他场所和设施。

第八条 防雷装置的设计应当经气象主管机构审核同意。

防雷装置设计资料应当由建设单位报送当地县级以上气象主管机构审核,审核合格的出具防雷装置设计核准书;未经审核或审核不合格的,不得交付施工。变更和修改防雷装置设计的应当重新报审。

对应当安装防雷装置的建设工程,建设单位在申请施工图设计文件审查时,应当提交气象主管机构出具的防雷装置设计核准书。

防雷装置的设计人、设计单位应当对防雷装置的设计负责。

第九条 施工单位应当按照审核同意的防雷装置设计方案进行施工。其中隐蔽工程的防雷装置应当依照有关规范进行检测,检测结果作为防雷装置竣工验收的依据。

第十条 防雷装置竣工后,建设单位应当组织当地县级以上气象主管机构参加竣工验收。验收合格的由气象主管机构颁发防雷装置验收合格证;验收不合格的不得交付使用,并由施工单位按照气象主管机构出具的防雷装置整改意见书进行整改,整改后重新验收。

对应当安装防雷装置的建设工程实施竣工验收备案时,建设单位应当提交气象主管机构出具的防雷装置验收合格证。

第十一条 防雷装置的产权单位或使用单位应当做好防雷装置的

日常维护,不得擅自移动、改变或损毁防雷装置。

第十二条 从事防雷工程专业设计、施工的单位,应当依照国家的规定取得相应的资质,并在资质许可范围内开展相关活动。

从事防雷检测的单位应当依法取得省气象主管机构颁发的资质证。

第十三条 防雷装置的产权单位或使用单位应当按规定向防雷装置检测单位申报检测,并由检测单位出具检测报告。检测不合格的,应当按照整改意见进行整改。投入使用的防雷装置应当按照国家有关规定进行定期检测。

第十四条 防雷装置检测和防雷工程专业设计、施工应当执行相关标准和技术规范。

第十五条 防雷工程建设使用的防雷产品,应当符合国家标准或行业标准,具有产品合格证书和使用说明书,并按国家有关要求书面告知省气象主管机构。

第十六条 遭受雷电灾害的单位和个人,应当及时向当地气象主管机构报告,并协助做好雷电灾害调查。

需要进行雷电灾害鉴定的,由有关单位或个人向当地气象主管机构申请。

第十七条 县级以上气象主管机构应当按照国家有关规定组织对本行政区域内的大型工程、重点工程、易燃易爆和危险场所等建设项目进行雷击风险评估。

第十八条 违反本规定,有下列行为之一的,由县级以上气象主管机构按照权限责令限期改正;逾期不改正的,给予警告,可并处 500 元以上 3 万元以下的罚款;造成损失的,依法承担赔偿责任:

(一)应当安装防雷装置而未安装的;

(二)防雷装置的设计未经审核或审核不合格擅自施工的;

(三)防雷装置竣工后未经验收或验收不合格投入使用的;

(四)未按要求进行防雷装置检测或经检测不合格又不整改的;

(五)擅自移动、改变或损毁防雷装置的。

第十九条 违反本规定,未取得防雷装置检测、防雷工程专业设计和施工资质以及超出资质许可范围从事防雷装置检测、防雷工程专业设计和施工的,依照国家有关规定给予查处;造成损失的,依法承担赔偿责任;构成犯罪的,依法追究刑事责任。

第二十条 从事防雷装置检测的单位出具虚假检测报告的,由县级以上气象主管机构责令改正,给予警告,可并处 500 元以上 3 万元以下的罚款;造成损失的,依法承担赔偿责任;构成犯罪的,依法追究刑事责任。

第二十一条 国家工作人员在防雷资质认定以及防雷装置设计审核和竣工验收工作中,玩忽职守、徇私舞弊、滥用职权的,依法给予行政处分;造成损失的,依法承担赔偿责任;构成犯罪的,依法追究刑事责任。

第二十二条 本规定自 2009 年 8 月 1 日起施行。

贵州省防雷减灾管理办法

（2003 年 7 月 10 日贵州省人民政府令第 67 号公布，根据 2004 年 7 月 1 日《贵州省人民政府修改废止部分政府规章的决定》第一次修订，根据 2008 年 8 月 4 日《贵州省人民政府修改废止部分政府规章的决定》第二次修订，根据 2018 年 10 月 19 日贵州省人民政府令第 186 号第三次修订）

第一条 为了加强防雷减灾工作，保护国家利益和人民生命财产安全，促进经济和社会发展，根据《中华人民共和国气象法》《贵州省气象条例》等有关法律、法规，结合本省实际，制定本办法。

第二条 在本省行政区域内从事防雷减灾活动的组织和个人，应当遵守本办法。

第三条 本办法所称防雷减灾是指防御和减轻雷电灾害的活动，包括雷电灾害的研究、监测、预警、防御等；雷电灾害是指因直击雷、雷电感应、雷电感应的静电、雷电波侵入等造成的人员伤亡、财产损失。

防雷装置是指接闪器、引下线、接地装置、电涌保护器及其他连接导体等防雷设施的总称。

第四条 防雷减灾工作，实行预防为主、防治结合的方针，坚持统一规划、统一部署、分级管理的原则。

第五条 省气象主管机构负责组织、管理、协调和指导全省防雷减灾工作。

县级以上气象主管机构在上级气象主管机构和本级人民政府的领导下，负责本行政区域内的防雷减灾工作。未设气象主管机构的，其防雷减灾工作由上一级气象主管机构负责。

建设、公安、广播电视、通信、电力等有关部门应当根据各自的职责,在气象主管机构的监督指导下,做好本部门、本行业内的防雷减灾工作。

第六条 县级以上气象主管机构应当加强对防雷减灾的科普宣传、科技咨询、宣传培训工作;普及防雷减灾科技知识,提高农民抵御雷电灾害的科学文化素质和对雷电灾害的防御能力。

第七条 县级以上气象主管机构负责本行政区域内的雷电灾害的监测和预警工作,组织对雷电灾害防御的科学研究、技术推广、雷击事故的统计,及时向政府报告防雷减灾工作。

第八条 各级防雷减灾机构应当建立和完善防雷减灾工作制度、灾情上报制度,认真执行防雷技术规范,保证技术数据的真实、科学。

第九条 下列场所或者设施应当安装防雷装置:

(一)高层建筑、易燃易爆物品的生产、销售、贮存场所;

(二)电力生产设施和输配电系统;

(三)通信设施、广播电视设施、计算机网络系统;

(四)厂矿、企业自动化控制系统;

(五)交通运输、医疗卫生、金融机构等社会化公共服务的主要设施;

(六)按照法律、法规、规章和有关技术规范,应当安装防雷装置的其他设施和场所。

安装的雷电灾害防护装置应当符合国家规定的使用要求。

第十条 防雷装置的设计应当符合国家有关防雷技术标准规范。房屋建筑工程和市政基础设施工程防雷装置设计审核、竣工验收纳入建筑工程施工图审查、竣工验收备案,由住房城乡建设部门监管;公路、水路、铁路、民航、水利、电力、核电、通信等专业建设工程防雷管理,由各主管部门负责。油库、气库、弹药库、化学品仓库、烟花爆竹、石化等易燃易爆建设工程和场所,雷电易发区内的矿区、旅游景点或者投入使用的建(构)筑物、设施等需要单独安装雷电防护装置的场所,以及雷电风险高且没有防雷标准规范、需要进行特殊论证的大型项目的防雷装置设计审核、竣工验收由县级以上气象主管机构负责。

第十一条 防雷装置的施工单位应当按审查批准后的设计文件进

行施工,并接受当地气象主管机构和有关部门的监督管理。变更设计文件的,应当按照原审批程序重新报批。

第十二条　防雷装置实行定期检测制度。防雷装置检测每年一次。油库、气库、化学品仓库、加油站及其他易燃易爆物品的生产、销售、贮存场所的防雷装置每半年检测一次。依法设立的防雷装置检测机构接受防雷装置使用单位的委托,可以进行防雷装置检测。气象主管机构对防雷装置检测工作实施监督管理,并对防雷装置进行抽检。

防雷装置的产权单位或者使用单位及物业管理部门应当做好防雷装置的维护工作,发现问题应当及时维修。

第十三条　遭受重大雷电灾害的组织和个人,应当在雷电灾害发生后及时向当地气象主管机构报告并协助调查;气象主管机构应当自接到灾情报告起15日内做出雷电灾害鉴定书。鉴定书须报送同级人民政府和上级气象主管机构。

第十四条　气象主管机构及其工作人员在防雷减灾工作中有下列行为之一,尚不构成犯罪的,对直接负责的主管人员和其他直接责任人员依法给予行政处分:

(一)越权执法、滥用权力造成严重后果的;

(二)未按有关规定做好雷电预警服务的;

(三)利用职权对外承包防雷工程或者谋取私利的。

第十五条　违反本办法规定,有下列行为之一,尚不构成犯罪的,由气象主管机构给予警告,责令其限期改正;逾期不改的,可并处500元以上3000元以下罚款:

(一)故意破坏或者毁损防雷装置的;

(二)对重大雷电灾害隐瞒不报的;

(三)防雷装置检测单位未按核定的检测项目、范围和防雷技术规范、技术标准进行检测的;

(四)已有防雷装置,经检测不合格的;

(五)应当安装防雷装置而拒不安装,或者安装和使用的防雷装置不符合国家规定要求的;

(六)拒绝接受气象主管机构进行抽检的。

第十六条 违反本办法规定,有下列行为之一的,由气象主管机构或者其他有关部门按照权限给予警告,责令其限期改正;逾期不改的,可并处 3000 元以上 3 万元以下罚款:

(一)防雷装置设计文件未经审查同意,交付施工的;

(二)防雷装置未经检测合格投入使用的;

(三)变更防雷装置设计文件未按原审查批准程序重新报批的。

第十七条 违反本办法规定,法律、法规另有处罚规定的,从其规定。

第十八条 本办法自 2003 年 9 月 1 起施行。

宁夏回族自治区防雷减灾管理办法

（2022 年 12 月 12 日宁夏回族自治区人民政府令第 142 号公布）

第一章 总 则

第一条 为了防御和减轻雷电灾害，保障公共安全和人民生命财产安全，根据《中华人民共和国气象法》《气象灾害防御条例》等有关法律、法规，结合自治区实际，制定本办法。

第二条 在自治区行政区域内从事防御和减轻雷电灾害（以下简称防雷减灾）活动，适用本办法。

第三条 防雷减灾工作遵循安全第一、预防为主、防治结合的原则。

第四条 县级以上人民政府应当加强对防雷减灾工作的领导，将防雷减灾工作纳入公共安全监督管理范围，督促各部门依法履行防雷安全监督管理职责，全面落实防雷减灾责任。

乡（镇）人民政府、街道办事处应当协助气象主管机构及有关部门做好防雷减灾知识宣传、应急联络、信息传递、灾害报告和灾情调查等工作。

第五条 县级以上气象主管机构在上级气象主管机构和本级人民政府领导下，负责本行政区域内的防雷减灾工作。

县级以上人民政府住房城乡建设、交通运输、应急管理、水利、通信、教育、农业农村、文化和旅游等部门负责各自职责范围内的防雷减灾工作。

第六条 鼓励和支持防雷减灾科学技术研究与开发，推广应用先进防雷科学技术成果，加强防雷标准化工作，提高防雷减灾科学技术水平。

第七条 各级人民政府及有关部门应当利用各类传播媒体向社会宣传普及防雷减灾科学知识,提高社会公众防雷减灾意识和能力。

学校应当采取多种形式开展防雷减灾宣传教育,培养和提高学生的防范意识和自救互救能力。气象、教育等部门应当给予指导和监督。

第二章 监测预警与风险预防

第八条 自治区气象主管机构应当按照合理布局、信息共享、有效利用的原则,建设雷电监测网,完善雷电监测和预警系统。

县级以上气象主管机构所属的气象台站应当按照职责开展雷电监测,及时向社会发布雷电预报、预警信息,并通报相关部门。

第九条 广播、电视、报纸、电信等媒体应当及时向社会播发或者刊登当地气象主管机构所属气象台站提供的雷电预报、预警信息,并根据当地气象台站的要求及时插播、增播或者刊登。

第十条 乡(镇)人民政府、街道办事处、村(居)民委员会和机场、车站、高速公路、学校、医院等人员密集场所的管理单位,在收到雷电预报、预警信息后,应当及时向本辖区和场所公众传播,并采取相应防御措施。

第十一条 属于国家《建筑物防雷设计规范》规定的一、二类防雷建(构)筑物的建设工程项目,建设单位应当进行雷电灾害风险评估。

各级各类开发区和其他有条件的区域,按照国家和自治区有关规定推行区域评估时,可以将雷电灾害风险评估纳入区域评估范围。

第十二条 自治区气象主管机构应当根据本行政区域雷电监测资料以及相关技术标准组织划分雷电易发区域及其防范等级,并向社会公布。

第三章 雷电防护装置

第十三条 各类建(构)筑物、场所和设施安装雷电防护装置应当符合国家有关防雷标准的规定。新建、改建、扩建建(构)筑物、场所和设施的雷电防护装置,应当与主体工程同时设计、同时施工、同时投入使用。

县级以上人民政府可以将城镇老旧小区和农村居住区等人员密集场所雷电防护装置建设,纳入城镇老旧小区配套设施改造和农村房屋安全隐患排查整治范围,提高建(构)筑物、场所和设施防御雷电灾害能力。

第十四条 新建、改建、扩建建设工程雷电防护装置的设计、施工,可以由取得相应建设、公路、水路、铁路、民航、水利、电力、通信等专业工程设计、施工资质的单位承担。

第十五条 建设工程雷电防护装置的设计、施工、检测等单位,依法承担建设工程各环节雷电防护装置质量安全责任。

建设雷电防护装置使用的雷电防护产品应当符合国家有关质量标准,具有产品合格证书和使用说明书。

第十六条 雷电防护装置应当每年检测一次,易燃、易爆场所的雷电防护装置,应当每半年检测一次。

从事雷电防护装置检测的单位应当依法取得气象主管机构颁发的资质证,并在资质许可范围内开展雷电防护装置检测活动。

第十七条 雷电防护装置检测单位对雷电防护装置检测后,应当出具检测报告,并对检测数据、结果负责。

雷电防护装置检测单位及其人员从事雷电防护装置检测活动,应当遵守国家有关技术规范和标准。

第十八条 雷电防护装置所有人或者管理人对雷电防护装置进行日常维护,委托具备相应检测资质的单位进行定期检测,发现雷电防护装置存在隐患时,及时采取措施进行处理,保持其安全防护性能良好。

住宅小区的物业服务企业,按照物业服务合同的约定对雷电防护装置进行维护管理和委托检测。

第四章 应急响应与处置

第十九条 雷电灾害发生后,县级以上人民政府应当立即采取措施,按照相关程序启动应急预案,开展应急处置。

第二十条 单位和个人接到气象主管机构所属气象台站发布的雷电预报、预警信息后，应当及时采取有效措施，避免、减轻雷电灾害损失。

第二十一条 县级以上气象主管机构负责组织开展雷电灾害的调查鉴定工作，分析雷电灾害原因，及时作出雷电灾害调查鉴定报告，提出整改措施和处理意见。

第二十二条 遭受雷电灾害的单位和个人，应当及时向当地人民政府或者气象主管机构报告灾情，并协助气象主管机构对雷电灾害进行调查鉴定。

第二十三条 县级以上气象主管机构应当及时向同级人民政府和上一级气象主管机构报告本行政区域内的雷电灾情和年度雷电灾害情况，并通报同级应急管理等部门。

自治区气象主管机构应当统计分析雷电活动和雷电灾害的发生情况，并向社会公布。

第五章　监督管理

第二十四条 县级以上气象主管机构负责本行政区域内下列工程、场所、项目的雷电防护装置设计审核和竣工验收：

（一）油库、气库、弹药库、化学品仓库和烟花爆竹、石化等易燃易爆建设工程和场所；

（二）雷电易发区内的矿区、旅游景点或者投入使用的建（构）筑物、设施等需要单独安装雷电防护装置的场所；

（三）雷电风险高且没有防雷标准规范、需要进行特殊论证的大型项目。

前款所列工程、场所、项目的雷电防护装置，未经设计审核或者设计审核不合格的，不得施工；未经竣工验收或者竣工验收不合格的，不得交付使用。

房屋建筑、市政基础设施、公路、水路、铁路、民航、水利、电力、通信等建设工程的主管部门，负责相应领域内建设工程的防雷管理。

第二十五条　县级以上气象主管机构负责对由其设计审核和竣工验收后投入使用的雷电防护装置实施安全监管。

住房城乡建设、交通运输、水利等有关部门加强职责范围内的防雷安全管理,对本行业、领域投入使用的雷电防护装置实施安全监管,督促相关生产经营单位落实防雷安全管理责任。

第二十六条　县级以上气象主管机构应当加强对雷电防护装置检测单位的监管,定期组织雷电防护装置检测质量检查。

第二十七条　县级以上气象主管机构应当加强部门协调配合,会同教育、应急管理、住房城乡建设、文化和旅游等部门,建立防雷安全协同监管和信息共享机制,开展联合检查。

第六章　法律责任

第二十八条　违反本办法规定,有下列行为之一的,由县级以上气象主管机构或者其他有关部门按照权限责令停止违法行为,处 5 万元以上 10 万元以下的罚款;有违法所得的,没收违法所得;给他人造成损失的,依法承担赔偿责任:

(一)无资质或者超越资质许可范围从事雷电防护装置检测的;

(二)在雷电防护装置设计、施工、检测中弄虚作假的;

(三)雷电防护装置未经设计审核或者设计审核不合格施工的,未经竣工验收或者竣工验收不合格交付使用的。

第二十九条　违反本办法规定,导致雷击造成人员伤亡及财产损失的,应当依法承担赔偿责任;构成犯罪的,依法追究刑事责任。

第三十条　各级人民政府、气象主管机构和其他有关部门工作人员在防雷安全监督管理工作中滥用职权、玩忽职守、徇私舞弊的,对直接负责的主管人员和其他直接责任人员依法给予处分;构成犯罪的,依法追究刑事责任。

第三十一条　违反本办法规定的其他行为,法律法规已有法律责任规定的,从其规定。

第七章 附 则

第三十二条 本办法中下列用语的含义：

（一）雷电灾害，是指由于直击雷、雷电感应、闪电电涌侵入、雷击电磁脉冲等造成的人员伤亡、财产损失。

（二）雷电防护装置，是指接闪器、引下线、接地装置、电涌保护器及其连接导体等构成的，用以防御雷电灾害的设施或者系统。

第三十三条 本办法自 2023 年 2 月 1 日起施行。

新疆维吾尔自治区雷电灾害防御办法

（2004 年 2 月 24 日人民政府令第 118 号公布，根据 2011 年 6 月 18 日自治区人民政府令第 169 号修订）

第一条 为了加强雷电灾害的防御，避免或者减轻灾害损失，保护人民生命安全和国家、社会财产安全，根据《中华人民共和国气象法》、国务院《气象灾害防御条例》和有关法律、法规，结合自治区实际，制定本办法。

第二条 在自治区行政区域内从事雷电灾害防御活动，适用本办法。

第三条 本办法所称雷电灾害，是指因直击雷、雷电电磁脉冲、静电、雷电波侵入等造成人员伤亡、财产损失的事件；所称雷电防护产品，是指接闪器、引下线、接地装置、电涌保护器以及其他用于雷电灾害防御的产品；雷电防护装置是指由雷电防护产品和其他连接导体组成的雷电防护设施的总称。

第四条 雷电灾害防御工作实行预防为主、防治结合、部门联动、社会参与的方针。

第五条 县级以上人民政府应当加强雷电灾害防御工作的领导，组织有关部门采取有效措施做好雷电灾害防御工作，提高雷电灾害防御能力。

第六条 自治区气象主管机构负责全区雷电灾害防御的组织管理工作。州、市（地）、县（市）气象主管机构在上级气象主管机构和本级人民政府的领导下，负责本行政区域内雷电灾害防御的组织管理工作。未设气象主管机构的县（市），其雷电灾害防御工作由上一级气象主管机构负责。

住房和城乡建设、公安、工商、质量技术监督等有关部门在各自的职责范围内,负责雷电灾害防御的相关工作。

第七条 自治区气象主管机构应当按照合理布局、信息共享、有效利用的原则,编制雷电灾害防御规划,组建雷电监测预警系统,进行雷电灾害防御技术的研发、应用和雷电灾害风险评估。

雷电灾害防御规划应当包括防御原则和基本要求、灾害状况分析、重点防御区、防御措施、灾害监测、预警工程建设等内容。

气象主管机构所属的气象台站应当加强对雷电及其相应灾害性天气的监测。

第八条 应当安装雷电防护装置的范围:

(一)《建筑物防雷设计规范》规定的一、二、三类防雷建筑物、构筑物;

(二)石油、化工、燃气等易燃易爆危险物品的生产、经营、储存设施和场所;

(三)电力、通信、广播电视、信息系统和其他重要社会公共设施;

(四)法律、法规、规章和有关技术规范规定应当安装雷电防护装置的其他场所和设施。

第九条 安装雷电防护装置,应当由从事雷电灾害风险评估业务的机构依据国家防雷标准和技术规范进行雷电灾害风险评估;雷电防护装置的设计与施工,应当按照评估确定的防雷类别与防雷措施开展。

雷电防护装置应当与主体工程同时设计、同时施工、同时验收。

雷电防护装置专业设计、施工、检测,执行国家防雷标准和技术规范。

第十条 从事雷电防护装置专业设计、施工、检测的单位,应当取得国家或者自治区气象主管机构根据管理权限和程序颁发的资质证书,在相应的资质范围内从事设计、施工、检测。

持有住房和城乡建设行政主管部门颁发的建设工程设计、施工资质证书的单位,可以在核准的资质范围内从事建设工程雷电防护装置的设计、施工。

气象主管机构或者住房和城乡建设行政主管部门不得要求从事雷

电防护装置设计、施工的单位重复领取雷电防护装置设计、施工资质证书。

第十一条　组织进行新建、改建、扩建建(构)筑物设计文件审查的部门,应当就雷电防护装置的设计听取气象主管机构意见;对新建、改建、扩建建(构)筑物进行竣工验收,应当同时验收雷电防护装置并通知气象主管机构参加。

第十二条　雷电易发区内的矿区、旅游景点或者投入使用的建(构)筑物、设施需要单独安装雷电防护装置的,雷电防护装置的设计审核和竣工验收由县(市)以上气象主管机构负责。

第十三条　雷电防护装置的施工单位应当按照审核通过的设计文件进行施工;雷电防护装置的建设单位应当委托具有雷电防护装置检测资质的单位进行检测。

检测单位对雷电防护装置的隐蔽工程应当进行逐项检测。检测不合格的,应当及时向建设单位提出书面整改意见,并向当地气象主管机构报告。雷电防护装置检测单位对其出具的检测报告的真实性负责。

第十四条　雷电防护装置使用单位应当采取有效措施,做好雷电防护装置的日常维护工作,委托具有雷电防护装置检测资质的单位定期对雷电防护装置进行安全检测。易燃易爆危险环境场所的雷电防护装置每半年检测一次,其他雷电防护装置每年检测一次。

气象主管机构应当对雷电防护装置的使用加强监督检查,发现雷电防护装置存在安全隐患的,应当向使用单位提出限期整改的书面意见。

第十五条　雷电防护产品应当符合国家质量标准;进口的雷电防护产品应当符合国家强制性标准。

禁止生产、销售、使用国家明令淘汰或者不合格的雷电防护产品。

第十六条　禁止实施下列行为:

(一)涂改、伪造或者使用涂改、伪造的雷电防护装置设计、施工、检测资质证书以及雷电防护装置检测报告等;

(二)在雷电灾害装置设计、施工、检测中,提供虚假信息、故意使用虚假信息或者隐瞒真实信息等。

第十七条 违反本办法规定,有下列行为之一的,由县(市)以上气象主管机构责令改正,并处 5000 元以上 3 万元以下的罚款:

(一)应当安装雷电防护装置而拒不安装的;

(二)雷电易发区内的矿区、旅游景点或者投入使用的建(构)筑物、设施单独安装雷电防护装置,未经气象主管机构设计审核或者竣工验收的。

对新建、改建、扩建建(构)筑物的雷电防护装置,设计文件未听取气象主管机构意见,擅自交付使用,或者气象主管机构未参加竣工验收,擅自投入使用的,处 3000 元以上 1 万元以下的罚款。

第十八条 违反本办法第十六条规定的,按照《气象灾害防御条例》第四十五条规定予以处罚。

第十九条 生产、销售、使用国家明令淘汰或者不合格的雷电防护产品的,按照有关法律、法规、规章的规定予以处罚。

第二十条 气象主管机构及其工作人员在核发雷电防护装置设计、施工、检测资质证书,审核雷电防护装置设计,进行雷电防护装置竣工验收等活动中,徇私舞弊、玩忽职守、滥用职权的,由其主管部门或者监察机关责令改正;情节严重的,对直接负责的主管人员和其他直接责任人员依法给予行政处分;构成犯罪的,依法追究刑事责任。

第二十一条 违反本办法规定,应当承担法律责任的其他行为,依照有关法律、法规的规定执行。

第二十二条 本办法自 2011 年 8 月 1 日起施行。

市级政府规章

唐山市防雷减灾管理办法

（2004 年 9 月 1 日唐山市人民政府令第 4 号公布）

第一条 为加强雷电灾害防御管理,保护国家利益和人民生命财产安全,根据《中华人民共和国气象法》和《河北省实施〈中华人民共和国气象法〉办法》,结合本市实际,制定本办法。

第二条 本办法适用于本市行政区域内需要安装防雷设施和从事雷电灾害防御活动的单位和个人。

第三条 本办法所称雷电灾害防御是指防御和减轻雷电灾害的全部行为,包括防雷减灾的研究、避雷装置的检测、雷电监测、预警和防护等。

第四条 本市各级国家机关、社会团体、企事业单位应当制定雷电灾害防御预案,建立健全雷电安全管理、人员责任、经费保障、雷灾报告、防雷设施安全性能检测、紧急情况下抢险等制度,接受雷电防护安全的监督检查。

第五条 市气象主管机构负责本市防雷减灾的组织、协调、指导和管理工作。各县（市）区气象主管机构负责各行政区域内的防雷减灾管理工作;未设气象主管机构的,其防雷减灾工作由市气象行政主管机构负责。市、县（市）区政府安全生产委员会负责对当地防雷减灾工作进行监督指导。发展和改革、规划、公安、技术监督、建设、房产管理等行政管理部门按照各自职责,协同气象主管机构做好防雷减灾工作。

第六条 各级气象主管机构应当加强防雷减灾科普宣传和雷电灾害防御研究,推广防雷减灾的新技术、新措施,保证公众气象预报和灾害性天气警报的准确及时,做好雷电灾害的监测、预警、安全检测和评价工作。

第七条　各级气象主管机构应当组织开展本行政区域内防雷装置的检测工作。

第八条　各种防雷、抗静电及接地保护设施实行定期检测制度。一般防雷装置每年检测一次,爆炸危险环境的防雷装置每半年检测一次。经检测不合格的防雷装置,所有权人或者使用权人应当及时整改。防雷装置使用单位应当做好日常维护工作,指定专人负责,确保防雷装置性能稳定可靠。需要进行技术维修的,使用单位应当及时报请检测单位予以处理。

第九条　下列场所或者设施必须安装雷电灾害防护装置:

(一)《建筑物防雷设计规范》规定的一、二、三类建筑物;

(二)石油、化工、燃气等易燃易爆物品的生产、储运、输送、销售等场所和设施以及大型娱乐场所和游乐设施;

(三)电力生产设施和输配电系统;

(四)通信设施、广播电视系统、计算机信息系统、自动控制和监控设施;

(五)国家和本省规定必须安装防雷装置的其他场所和设施。

第十条　防雷装置的设计实行审核制度。新建、扩建、改建的建筑物、构筑物及其附属设施需要安装防雷装置的,组织初步设计图纸会审的单位应当有气象主管机构参加。设计方案不符合有关防雷标准、规范的,组织会审的单位应当出具书面通知书。设计单位应当按照通知书进行修改,并按照程序重新报批。

第十一条　新建、扩建、改建的建筑物、构筑物及其附属设施需要安装防雷装置的,防雷工程设计未经审核,工程不得交付施工。通过审核的防雷设计,施工单位必须严格按照设计方案进行施工,施工过程中需要变更和修改防雷工程专业设计方案,应当按照程序重新报批。

第十二条　气象主管机构应当根据防雷工程的施工进度,及时组织阶段检测,并将检测结果书面告知施工单位,建设单位在竣工验收时,应当参考检测结果。含防雷设施的建设项目竣工时,施工单位应向当地气象主管机构申请防雷工程检测。检测合格的,发给防雷设施合格证;不合格的,出具整改通知书,建设单位和施工单位应按照通知书要求完善,并及时申请复检。无防雷设施合格证的建设工程不得投入使用。

第十三条 凡在本市范围内从事雷电灾害防护装置设计和安装的单位和个人,应当取得相应的资质,并在资质等级许可范围内从事防雷装置的设计和安装活动。外埠的单位或者个人在本市行政区域内从事雷电灾害防护装置设计或者安装活动的,应当持有效证件到当地县级以上人民政府气象主管机构备案。

第十四条 本市行政区域内所有组织或个人使用的防雷产品,应当接受市气象主管机构的监督检查。禁止使用不合格防雷产品。

第十五条 各级气象主管机构负责组织本市行政区域内雷电灾害事故的调查、统计、鉴定和上报。各级安全生产监督管理机构,应当配合当地气象主管机构做好调查工作,与事故调查、鉴定有关的公民、法人或其他组织应当给予支持和配合。各县(市)区雷电灾害的调查应及时报送气象主管机构存档备案。

第十六条 遭受雷电侵害的单位和个人,应当于灾害发生后三日内向当地气象主管机构报告,并协助气象主管机构对雷电灾害进行调查与鉴定。公共设施因雷电灾害导致他人损害的,公共设施所有人或者受害人可以申请市气象主管机构对灾害成因做出鉴定。

第十七条 单位或个人具有以下行为之一的,由气象主管机构处一千元以上一万元以下罚款;情节严重的,处一万元以上五万元以下罚款:

(一)应当安装雷电灾害防护装置没有安装,且经气象主管机构责令安装后仍拒绝安装的;

(二)新建、扩建、改建的雷电灾害防护装置未经检测,擅自投入使用的;

(三)安装的雷电灾害防护装置不符合要求,又不按照要求整改的;

(四)未取得防雷工程专业设计或者施工资质或资格,擅自从事防雷工程专业设计或施工的。

第十八条 单位或个人擅自从事雷电灾害防护装置检测活动的,由市气象主管机构予以警告,并处一千元以下罚款。

第十九条　雷电安全监督管理人员因玩忽职守,造成重大雷电灾害事故发生的,应给予行政处分;致使国家利益或人民生命财产遭受重大损失,涉嫌犯罪的,移送司法机关追究刑事责任。由于人为因素导致雷电灾害,造成火灾、爆炸、人员伤亡或其他重大损失的,由所在单位或上级机关给予直接责任人行政处分;涉嫌犯罪的,移送司法机关追究刑事责任。

第二十条　当事人对气象主管机构作出的具体行政行为不服的,可以依法申请行政复议或提起行政诉讼。在法定期限内不申请复议、不起诉又不履行具体行政行为的,由作出具体行政行为的气象主管机构申请人民法院强制执行。

第二十一条　本办法自 2004 年 9 月 1 日施行。

呼和浩特市建(构)筑物防雷工程设计审核、跟踪质量检测及竣工验收实施办法

（2003 年 9 月 6 日呼和浩特市人民政府令第 28 号公布）

第一条 为了加强防雷工程设计审核、跟踪质量检测及竣工验收工作，提高建设项目防御雷电灾害的能力，保护国家利益和人民生命财产安全，依据《中华人民共和国气象法》和《内蒙古自治区防御雷电灾害管理办法》等有关法律、法规，结合本市实际，制定本办法。

第二条 呼和浩特市行政区域内的建(构)筑物防雷工程的设计审核、跟踪质量检测及竣工验收工作适用本办法。

第三条 呼和浩特市气象主管机构下属的市气象雷电防御中心从事全市防雷工程的设计审核、跟踪质量检测及竣工验收工作。

第四条 下列场所或者设施，按国家规定范围安装防雷装置：

（一）《建筑物防雷设计规范》规定的一、二、三类防雷建筑物、构筑物、易燃易爆场所、物资仓库和露天堆场；

（二）石油、化工生产或者贮存场所；

（三）电力生产设施和输配电系统；

（四）厂矿、企业自动控制系统；

（五）广播电视、邮电通信、计算机信息系统；

（六）交通运输、医疗卫生、金融证券等社会化公共服务系统的主要设施；

（七）按照法律、法规、规章和有关技术规范，应当安装防雷装置的其他场所和设施。

以上所列场所或设施必须经市气象雷电防御中心审核设计方案、跟踪质量检测及竣工验收。

第五条 建设项目的防雷工程应当与主体工程同时设计、同时施工、同时投入使用。

第六条 防雷工程设计应根据当地雷电活动的规律以及当地地质、气象和环境等条件，结合雷电防护对象的防护范围和目的，按照国家、行业规定的防雷设计规范进行设计。

第七条 防雷工程设计应当包括下列内容：

（一）初步设计

1.设计说明、勘察意见书、设计依据、防雷分类等；

2.防雷系统示意图；

3.拟采用防雷装置的规格及型号；

4.特殊工程的相关图纸及说明。

（二）施工设计图纸

1.基础防雷平面图和大样图、天面防雷平面图和大样图、四置图、立面图、供电方式及总配电图；

2.接地装置、引下线、接闪器、电气设备及信息系统防雷接地设计图；

3.等电位连接预留件、均压环、玻璃幕墙等电位连接及屏蔽设计图；

4.电气设备及信息系统电涌保护器布置设计图；

5.特殊工程的相关图纸说明。

第八条 呼和浩特市气象雷电防御中心对涉及防雷工程的以下方面进行审核：

（一）设计单位的设计资质证及设计人员的资格证；

（二）施工单位的施工资质证及施工人员的资格证；

（三）设计图纸及有关材料。

第九条 呼和浩特市气象雷电防御中心对不符合防雷工程设计的应反馈建设行政主管部门，并要求建设单位限期整改防雷工程原设计，直至符合防雷工程的设计要求并取得合格证后，方可发施工许可证。

第十条 呼和浩特市气象雷电防御中心接到防雷工程设计图纸后,应在 7 个工作日内审核完毕,并核发合格证,不符合防雷设计要求的,限期重新设计,直至符合防雷工程设计要求后,方可发合格证。

第十一条 建设项目开工前,建设单位应当向市气象雷电防御中心办理防雷工程检测登记手续。市气象雷电防御中心应根据建设项目的特点,制订防雷工程检测计划,并出具检测意见书,通知建设单位。

第十二条 防雷工程建设项目随工程进度实行跟踪质量检测。建设项目开工后,市气象雷电防御中心应根据防雷工程检测计划中确定的内容实施防雷工程跟踪检测。检测发现施工质量不符合要求的,应当及时通知建设单位整改,复检合格后方可继续施工。

第十三条 建设单位申请竣工验收时,凡属有防雷装置的建设项目,市气象雷电防御中心必须参加验收,并发给防雷工程验收检测报告及验收合格证。

竣工验收中发现的问题,市气象雷电防御中心应当及时发出整改意见书,建设单位、施工单位应按要求尽快整改完毕并及时向市气象雷电防御中心申请复检。

防雷工程跟踪质量检测报告、防雷工程验收检测报告及验收合格证作为建设项目竣工验收时工程质量核定的必要依据。

无防雷工程验收检测报告及验收合格证的建设项目不得投入使用。

第十四条 违反本办法规定,有下列行为之一的,由呼和浩特市气象主管机构给予警告,责令限期改正;逾期不改正的,处以 3000～5000 元的罚款:

(一)应当安装防雷装置而拒不安装的;

(二)防雷工程专业设计未经市气象雷电防御中心审核合格,擅自施工的;

(三)不具备防雷检测、防雷工程专业设计或者施工资格,擅自从事防雷检测、防雷工程专业设计或者施工的;

(四)防雷工程在施工过程中拒绝市气象雷电防御中心进行跟踪质量检测的;

（五）防雷工程竣工不通知市气象雷电防御中心参加验收,擅自投入使用的;

（六）已有防雷装置,拒绝进行检测或者经检测不合格,又拒不整改的;

（七）对重大雷电灾害隐患隐瞒不报的;

（八）安装和使用不符合使用要求的防雷装置的。

第十五条 从事防雷工作人员由于玩忽职守,导致重大雷电灾害事故的,依法予以行政处分;致使国家利益和人民生命财产遭到重大损失,构成犯罪的,依法追究其刑事责任。

第十六条 公民、法人或者其他组织认为具体行政行为侵犯其合法权益,对处罚不服的,可依法申请行政复议或向人民法院提起行政诉讼。

第十七条 本办法的具体应用问题由呼和浩特市气象主管机构负责解释。

第十八条 本办法自 2003 年 10 月 10 日起施行。

大连市防御雷电灾害管理办法

（2003 年 6 月 23 日大连市人民政府令第 31 号公布，根据 2018 年 7 月 23 日大连市人民政府令第 154 号修正）

第一条 为了防御和减轻雷电灾害（以下简称防雷减灾），保护国家财产和人民生命财产安全，促进经济建设和社会发展，根据《中华人民共和国气象法》和《辽宁省实施〈中华人民共和国气象法〉办法》等法律、法规和规章，制定本办法。

第二条 在本市行政区域内从事防雷减灾活动的单位和个人，应当遵守本办法。

第三条 大连市气象局是负责全市防雷减灾工作的主管机构，应依法做好防雷装置（含接闪器、引下线、接地装置、电涌保护器以及其他连接导体等防雷产品和设施，下同）的设计审核、施工监督和竣工验收以及防雷装置的检测等管理工作。区市县气象主管机构根据职责分工负责管理所辖区域内防雷减灾工作。

建设、公安消防、质量技术监督等有关部门应按照各自职责，协助防雷减灾工作主管机构做好防雷减灾工作。

第四条 防雷减灾工作实行预防为主、防治结合方针，坚持统一规划、统一部署、统一管理的原则，鼓励开展防雷减灾科学研究和科普宣传，推广应用防雷科学技术成果。

第五条 下列建（构）筑物、设施应当安装防雷装置：

（一）高层建筑、高度 20 米以上的厂房以及 15 米以上的烟囱、水塔；

（二）宾馆（酒店）、体育馆、展览馆、影剧院等大型公共建筑物和重点文物保护建筑物；

（三）油库、液化气储气站、煤气储气站、加油站、露天化工设施以及粮棉等重要物资仓库；

（四）程控系统、卫星接收系统、计算机网络系统；

（五）交通运输、医疗卫生、金融证券等公共服务系统的主要设施；

（六）电力、通信、广播电视设施；

（七）其他易遭雷击的建（构）筑物、设施等。

第六条 安装防雷装置实行设计审核制度。

防雷装置的设计方案应经防雷减灾工作主管机构审核。报请审核的设计方案应包括以下内容：

（一）安装防御直击雷、感应雷、雷电波侵入装置的场所和设施的基本情况；

（二）防御直击雷、感应雷、雷电波侵入装置的设计方案、施工图纸；

（三）综合布线图；

（四）拟采用的防雷产品的技术性能资料；

（五）其他应提供的资料。

第七条 防雷减灾工作主管机构审核防雷装置设计方案，应自收到方案之日起 10 个工作日内完成，并以书面形式予以答复。对不符合国家防雷技术标准和规范的，退由原报请单位修改后重新报审。

第八条 安装防雷装置的施工单位应当按照审核同意的设计方案进行施工，并接受防雷减灾工作主管机构的监督管理。

在施工中需要修改设计方案的，应当按照原审核程序重新报审。

第九条 安装使用的防雷产品必须符合国务院气象主管机构规定的使用要求，并接受防雷减灾工作主管机构的监督检查。

第十条 防雷装置竣工后，防雷减灾工作主管机构应会同有关部门进行验收。经验收合格的，方可投入使用。

第十一条 防雷装置使用单位应当指定专人做好防雷装置的维护保养工作，发现问题及时维修或者报告防雷减灾工作主管机构进行处理。

第十二条 防雷装置原则上每年检测一次。油库、液化气储气站、煤气储气站、加油站、露天化工设施的防雷装置，每半年检测一次。

居民住宅区防雷装置的检测,由房屋主管单位或物业管理部门配合防雷减灾工作主管机构进行。

第十三条 防雷装置检测应当委托检测单位进行。检测单位对防雷装置检测后,应出具检测报告,并报防雷减灾工作主管机构。检测项目全部合格的,颁发合格证书;检测不合格的,由防雷减灾工作主管机构责令限期整改。

第十四条 从事防雷装置检测的单位,应当取得相应的资质证书,并在其资质等级许可的范围内严格按照防雷技术规范和技术标准从事检测。

用于防雷装置检测的专用仪器设备应当经法定计量检定机构检定或校准,并在有效期内。

第十五条 遭受雷电灾害的单位和个人应当及时向防雷减灾工作主管机构报告灾情,并积极协助防雷减灾工作主管机构对雷电灾害进行调查和鉴定。

第十六条 违反本办法,有下列行为之一的,由防雷减灾工作主管机构或其委托的雷电防护机构给予警告、责令限期改正;逾期不改正的,处1000元以上3万元以下罚款。

(一)应当安装而未安装防雷装置的;

(二)防雷装置设计文件未经审核或者不合格,擅自施工的;

(三)修改防雷装置设计文件未按原审核程序报审的;

(四)防雷装置未经竣工检测验收或者竣工检测验收不合格,擅自投入使用的;

(五)防雷装置使用单位拒绝接受检测或者检测不合格又拒绝整改的。

第十七条 无资质或者超越资质许可范围从事防雷装置检测的,或者在防雷装置检测中弄虚作假的,按照《气象灾害防御条例》第四十五条的规定进行处罚。

第十八条 违反本办法导致雷电灾害发生,造成人员伤亡或者财产损失的,对直接负责的主管人员和其他直接责任人员依法给予行政处分;构成犯罪的,依法追究刑事责任;造成他人伤亡和财产损失的,应当承担赔偿责任。

第十九条 防雷减灾工作主管机构工作人员在防雷减灾工作中玩忽职守、滥用职权、徇私舞弊的，由其所在单位或上级机关给予行政处分；构成犯罪的，依法追究刑事责任。

第二十条 本办法自 2003 年 8 月 1 日起施行。本办法施行前符合第五条规定的建（构）筑物、设施没有安装防雷装置的，应按本办法规定执行；已安装防雷装置的，应委托防雷装置检测单位进行定期检测。

营口市雷电灾害防御管理规定

（2006 年 4 月 11 日营政发〔2006〕19 号公布，根据 2012 年 10 月 30 日《营口市人民政府关于宣布废止、修改部分市政府规范性文件的决定》第一次修订，根据 2019 年 11 月 22 日《营口市人民政府关于宣布废止、修改部分市政府行政规范性文件的决定》第二次修订）

第一条　为了防御和减轻雷电灾害，保护国家利益和人民生命财产安全及公共安全，促进我市经济建设和社会发展，根据《中华人民共和国气象法》《中华人民共和国行政许可法》《辽宁省雷电灾害防御管理规定》等有关规定，结合我市实际，制定本规定。

第二条　凡在我市行政区域内进行雷电灾害防御工作的组织和个人，必须遵守本规定。法律法规另有规定的，从其规定。

第三条　雷电灾害防御工作实行安全第一、预防为主、防治结合的原则。

第四条　市和县（市）区气象主管机构在上级气象主管机构和本级人民政府的领导下，负责雷电灾害防御工作的组织管理，做好雷电监测、预报预警、雷电灾害调查鉴定和防雷科普宣传，划分雷电易发区域及其防范等级并及时向社会公布。

油库、气库、弹药库、化学品仓库、烟花爆竹、石化等易燃易爆建设工程和场所，雷电易发区内的矿区、旅游景点或者投入使用的建（构）筑物、设施等需要单独安装雷电防护装置的场所，以及雷电风险高且没有防雷标准规范、需要进行特殊论证的大型项目，由气象主管机构负责防雷装置设计审核和竣工验收许可及监督管理。

房屋建筑工程和市政基础设施工程防雷装置设计审核、竣工验收许可,整合纳入建筑工程施工图审查、竣工验收备案,由住房城乡和建设部门负责监督管理。

公路、水路、铁路、民航、水利、电力、核电、通信等专业建设工程防雷工作,由各专业部门负责监督管理。

第五条 各级气象主管机构所属的气象台站应当加强对雷电灾害的监测,提高雷电灾害预报的准确性和服务水平。其他有关部门所属的气象台站应当及时向气象主管机构提供监测、预报雷电灾害所需要的有关信息。

第六条 下列场所或设施必须按照国家有关规定安装防雷装置:

(一)《建筑物防雷设计规范》规定的一、二、三类防雷建(构)筑物;

(二)油库、气库、加油加气站、液化天然气、油(气)管道站场、阀室等爆炸和火灾危险环境及设施;

(三)邮电通信、交通运输、广播电视、医疗卫生、金融证券、文化教育、不可移动文物、体育、旅游、游乐场所等社会公共服务场所和设施以及各类电子信息系统;

(四)国家规定应当安装防雷装置的其他场所和设施。

防雷装置必须符合国务院气象主管机构规定的使用要求。

第七条 农村学校和雷击风险等级较高的村民集中居住区应当安装防雷装置,并列入当地农村社会公益事业建设计划。当地气象主管机构应当对防雷装置的安装进行指导和检查。

第八条 大型建设工程、重点工程、爆炸和火灾危险环境、人员密集场所等项目建设单位应进行雷击风险评估,并取得防雷技术服务机构出具的雷击风险评估报告。评估结果作为建设项目可行性论证和设计的依据,评估报告作为申请防雷装置设计审核必须提交的材料之一。

第九条 爆炸和火灾危险环境场所等的防雷装置设计未经当地气象主管机构审核同意的,不得交付施工。防雷装置竣工未经当地气象主管机构验收合格的,不得投入使用。

新建、改建、扩建工程的防雷装置必须与主体工程同时设计、同时施工、同时投入使用。

第十条 防雷装置的设计实行审核制度。县级以上地方气象主管机构负责本行政区域内爆炸和火灾危险环境场所等的防雷装置的设计审核。符合规定的,由负责审核的气象主管机构出具核准文件;不符合规定的,负责审核的气象主管机构提出整改要求,退回申请单位,由其修改后重新申请设计审核。未经审核或者未取得核准文件的设计方案,不得交付施工。

第十一条 施工单位应当按照经审核同意的防雷装置设计方案进行施工。在施工中需要变更和修改防雷设计方案的,须重新报审。

第十二条 防雷装置实行竣工验收制度。县级以上地方气象主管机构负责本行政区域内爆炸和火灾危险环境场所等的防雷装置的竣工验收。负责验收的气象主管机构接到申请后,应当根据具有相应资质的防雷装置检测机构出具的检测报告进行核实。符合规定的,由气象主管机构出具验收文件。不符合规定的,负责验收的气象主管机构提出整改要求,申请单位整改后重新申请竣工验收。未取得验收合格文件的防雷装置,不得投入使用。

第十三条 投入使用后的防雷装置必须每年检测一次,对爆炸危险环境场所的防雷装置应每半年检测一次。防雷装置的产权单位或者使用单位,应当主动申报年度检测,并接受当地气象主管机构和当地人民政府安全生产监督管理部门的管理和监督检查。

第十四条 具有防雷检测资质的检测单位对防雷装置检测后,应当出具检测报告;不合格的,提出整改意见;发现严重的事故隐患,应当立即告知防雷装置产权单位或者使用单位,并向当地气象主管机构报告。

防雷检测单位必须执行国家有关标准和规范,保证防雷检测报告真实、科学、公正。

防雷装置检测单位应当对检测结果负责。

第十五条 防雷装置的产权单位或者使用单位应当指定专人做好防雷装置的日常维护工作。防雷装置存在隐患或者发生故障应当及时维修。防雷装置修复后,应当申请当地从事防雷装置检测的单位重新检测。

第十六条 任何单位和个人不得擅自移动、改变或者损坏防雷装置。

第十七条　雷电防护产品必须符合国家规定的质量标准。禁止生产、销售和使用不合格的雷电防护产品。

第十八条　各级气象主管机构负责组织雷电灾害调查、鉴定和评估工作。其他有关部门和单位应当配合当地气象主管机构做好雷电灾害调查、鉴定和评估工作。

遭受雷电灾害的组织和个人，应当及时向当地气象主管机构报告，并协助当地气象主管机构对雷电灾害进行调查与鉴定。

第十九条　各级气象主管机构应当及时向同级人民政府和上级气象主管机构上报本行政区域内的重大雷电灾情和年度雷电灾害情况。

第二十条　本规定中下列用语的含义：

（一）雷电灾害，是指因直击雷、雷电感应、雷电波侵入等造成的人员伤亡和财产损失。

（二）防雷装置，是指由接闪器（包括避雷针、带、线、网）、引下线、接地线、接地体以及其他连接导体构成的具有防御直击雷性能的专业系统，或者由电磁屏蔽、电涌保护器等电位连接、共用接地网以及其他连接导体构成的具有防御雷电感应和雷电波侵入性能的专业系统。

第二十一条　本规定自发布之日起施行。

葫芦岛市雷电灾害防御管理办法

(2014年6月19日葫芦岛市人民政府令第158号公布,根据2018年7月16日葫芦岛市人民政府令第167号令修订)

第一条 为了防御和减轻雷电灾害,保护国家利益和人民生命财产安全及公共安全,促进我市经济建设和社会发展,根据《气象灾害防御条例》《国务院关于第一批清理规范89项国务院部门行政审批中介服务事项的决定》和《国务院关于优化建设工程防雷许可的决定》等有关规定,结合我市实际,制定本办法。

第二条 凡在本市行政区域内进行雷电灾害防御工作的组织和个人,必须遵守本办法。法律、法规及规章另有规定的,从其规定。

本办法所称雷电灾害防御,是指防护和减轻雷电灾害活动的全部行为,包括防雷减灾的研究、监测、预警和防御等。

第三条 雷电灾害防御工作实行安全第一、预防为主、防治结合的工作方针和主管部门组织实施、社会各方面协调配合的管理原则。

第四条 市、县两级人民政府负责本行政区域内雷电灾害防御管理工作。

(一)市气象主管机构负责本行政区域内雷电灾害防御管理及油库、气库、弹药库、化学品仓库和烟花爆竹、石化等易燃易爆建设工程和场所,雷电易发区内的矿区、旅游景点或者投入使用的建(构)筑物、设施等需要单独安装雷电防护装置的场所,以及雷电风险高且没有防雷标准规范、需要进行特殊论证的大型项目的雷电灾害防御装置(以下简称防雷装置)的设计、审核和竣工验收工作。

(二)住房城乡建设部门承担房屋建筑工程和市政基础设施工程防雷装置设计审核、竣工验收许可,整合纳入建筑工程施工图审查、竣工验收备案,统一监管。

（三）公路、水路、铁路、民航、水利、电力、核电、通信等专业建设工程防雷管理,由各专业部门负责。

第五条 市、县气象主管机构所属的气象台站应当加强对雷电灾害的监测,提高雷电灾害预报的准确性和服务水平。其他有关部门所属的气象台站应当及时向气象主管机构提供监测、预报雷电灾害所需要的有关信息。

第六条 油库、气库、弹药库、化学品仓库和烟花爆竹、石化等易燃易爆建设工程和场所,雷电易发区内的矿区、旅游景点或者投入使用的建（构）筑物、设施等需要单独安装雷电防护装置的场所,以及雷电风险高且没有防雷标准规范、需要进行特殊论证的大型项目,其雷电防护装置的设计审核和竣工验收由县级以上地方气象主管机构负责。未经设计审核或者设计审核不合格的,不得施工;未经竣工验收或者竣工验收不合格的,不得交付使用。

第七条 各类建（构）筑物、场所和设施安装雷电防护装置应当符合国家有关防雷标准的规定。新建、改建、扩建建（构）筑物、场所和设施的雷电防护装置应当与主体工程同时设计、同时施工、同时投入使用。

新建、改建、扩建建设工程雷电防护装置的设计、施工,可以由取得相应建设、公路、水路、铁路、民航、水利、电力、核电、通信等专业工程设计、施工资质的单位承担。

房屋建筑、市政基础设施、公路、水路、铁路、民航、水利、电力、核电、通信等建设工程的主管部门,负责相应领域内建设工程的防雷管理。

第八条 从事防雷装置设计、施工、检测的单位,应当按照国家和省有关规定取得相应资质。

第九条 油库、气库、弹药库、化学品仓库和烟花爆竹、石化等易燃易爆建设工程和场所,雷电易发区内的矿区、旅游景点或者投入使用的建（构）筑物、设施等需要单独安装雷电防护装置的场所,以及雷电风险高且没有防雷标准规范、需要进行特殊论证的大型项目,其雷电防护装置的设计实行审核制度。

（一）建设单位应当向气象主管机构提出申请,填写《防雷装置设计审核申报表》。

（二）建设单位申请新建、改建、扩建建（构）筑物设计文件审查时,应当同时申请防雷装置设计审核。

（三）申请防雷装置施工图设计审核应当提交以下材料：

1.《防雷装置设计审核申请书》；

2. 设计单位和人员的资质证和资格证书的复印件；

3. 防雷装置施工图设计说明书、施工图设计图纸及相关资料；

4. 设计中所采用的防雷产品相关资料；

5. 经当地气象主管机构认可的防雷专业技术机构出具的防雷装置设计技术评价报告；

6. 防雷装置未经过初步设计的,应当提交总规划平面图;经过初步设计的,应当提交《防雷装置初步设计核准意见书》；

7. 需要进行雷电灾害风险评估的项目,应当提交雷电灾害风险评估报告；

8. 其他依法需要提交的资料。

（四）气象主管机构应当在受理之日起 5 个工作日内完成审核工作。

防雷装置设计文件经审核符合要求的,气象主管机构应当办结有关审核手续,颁发《防雷装置设计核准意见书》。防雷装置设计经审核不符合要求的,气象主管机构出具《防雷装置设计修改意见书》。

第十条 油库、气库、弹药库、化学品仓库和烟花爆竹、石化等易燃易爆建设工程和场所,雷电易发区内的矿区、旅游景点或者投入使用的建（构）筑物、设施等需要单独安装雷电防护装置的场所,以及雷电风险高且没有防雷标准规范、需要进行特殊论证的大型项目,其雷电防护装置实行竣工验收制度。

负责验收的气象主管机构接到申请后,应当根据具有相应资质的防雷装置检测机构出具的检测报告进行核实。符合规定的,由气象主管机构出具验收文件。不符合规定的,负责验收的气象主管机构提出整改要求,申请单位整改后重新申请竣工验收。未取得验收文件的防雷装置,不得投入使用。

第十一条 对爆炸危险环境场所的防雷装置应每半年检测一次。

防雷装置的产权单位或者使用单位,应当主动申报检测,并接受当地气象主管机构和当地人民政府安全生产监督管理部门的管理和监督检查。

第十二条 具有防雷检测资质的检测单位对防雷装置检测后,应当出具检测报告;不合格的,提出整改意见;发现严重的事故隐患,应当立即告知防雷装置产权单位或者使用单位,并向当地气象主管机构报告。

防雷检测单位必须执行国家有关标准和规范,保证防雷检测报告真实、科学、公正、准确。防雷装置检测单位应当对检测结果负责。

第十三条 防雷装置的产权单位或者使用单位应当指定专人做好防雷装置的日常维护工作。防雷装置存在隐患或者发生故障应当及时维修。防雷装置修复后,应当申请当地从事防雷装置检测的单位重新检测。

第十四条 任何单位和个人不得擅自移动、改变或者损坏防雷装置。

第十五条 雷电防护产品必须符合国家规定的质量标准。禁止生产、销售和使用不合格的雷电防护产品。

第十六条 市、县气象主管机构负责组织雷电灾害调查、鉴定和评估工作。其他有关部门和单位应当配合当地气象主管机构做好雷电灾害调查、鉴定和评估工作。

遭受雷电灾害的组织和个人,应当及时向当地气象主管机构报告,并协助当地气象主管机构对雷电灾害进行调查与鉴定。

第十七条 市、县气象主管机构应当及时向同级人民政府和上级气象主管机构上报本行政区域内的重大雷电灾情和年度雷电灾害情况。

第十八条 市、县气象主管机构应当加强对雷电灾害防御工作的监督与检查,被检查单位不得拒绝或者阻挠。

第十九条　市、县气象主管机构履行监督检查职责时,有权采取下列措施:

(一)要求被检查的单位或者个人提供有关防雷装置设计图纸等文件和资料,进行查询或者复制;

(二)要求被检查的单位或者个人就有关建筑物防雷装置的设计、安装、检测、验收和投入使用的情况作出说明;

(三)进入有关建筑物进行检查。

第二十条　雷电灾害防御管理工作人员有下列行为之一的,由所在单位或上级主管机关依法给予行政处分;构成犯罪的,依法追究刑事责任。

(一)在防雷装置设计审核、施工监督、竣工验收中滥用职权、徇私舞弊的;

(二)要求有关单位和个人购买其指定的雷电防护产品的。

第二十一条　本办法中下列用语的含义:

(一)雷电灾害,是指因直击雷、雷电感应、雷电波侵入等造成的人员伤亡和财产损失。

(二)防雷装置,是指由接闪器(包括避雷针、带、线、网)、引下线、接地线、接地体以及其他连接导体构成的具有防御直击雷性能的专业系统,或者由电磁屏蔽、电涌保护器等电位连接、共用接地网以及其他连接导体构成的具有防御雷电感应和雷电波侵入性能的专业系统。

(三)高压电力设施,是指额定电压为 1 千伏以上的电力设施。

第二十二条　本办法未尽事宜按国家和省规定执行。

第二十三条　本办法执行中的具体问题由市气象局负责解释。

第二十四条　本办法自 2014 年 8 月 1 日起施行。2001 年 12 月 29 日制发的《葫芦岛市雷电灾害防御管理办法》(市政府令第 35 号)同时废止。

长春市防雷减灾管理办法

（2010 年 10 月 29 日长春市人民政府令第 15 号公布，根据 2020 年 10 月 20 日《长春市人民政府关于修改和废止部分政府规章的决定》修正）

第一条 为了防御和减轻雷电灾害，保护国家利益和人民生命财产安全，促进经济建设和社会发展，根据《中华人民共和国气象法》《气象灾害防御条例》《吉林省气象条例》等法律法规的有关规定，结合本市实际，制定本办法。

第二条 本市行政区域内的防雷减灾工作，适用本办法。

第三条 本办法所称雷电灾害是指因直击雷、雷电感应、雷电感应的静电、雷电波侵入等造成的人员伤亡、财产损失。

本办法所称防雷减灾是指防御和减轻雷电灾害的活动，包括雷电和雷电灾害的研究、监测、预警、防护以及雷电灾害的调查、鉴定和评估等。

本办法所称防雷工程是指按照国家、行业规定的防雷设计规范设计、安装的防雷装置。按其性能分为直击雷防护工程、雷电电磁脉冲防护工程。

本办法所称防雷装置是指具有防御直击雷、雷电感应和雷电波侵入的接闪器、引下线、接地装置、过电压保护器以及其他连接导体的总称。

第四条 防雷减灾工作实行安全第一、科学防御、部门联动、社会参与的原则。

第五条 市、县（市）气象主管机构在上级气象主管机构和本级人民政府的领导下，负责组织管理和实施本辖区内的防雷减灾工作。并负责油库、气库、弹药库、化学品仓库、烟花爆竹、石化等易燃易爆建设工程和场所,雷电易发区内的矿区、旅游景点或者投入使用的建(构)筑物、设施等需要单独安装雷电防护装置的场所,以及雷电风险高且没有防雷标准规范、需要进行特殊论证的大型项目的防雷装置设计审核和竣工验收许可及监管。

建设主管部门负责将房屋建筑工程和市政基础设施工程防雷装置设计审核、竣工验收许可纳入建筑工程施工图审查、竣工验收备案,并依法进行监管。

公路、水路、铁路、民航、水利、电力、通信等专业建设工程防雷管理,由各专业部门负责。

规划和自然资源、住房保障和房屋管理、公安、应急管理、市场监督管理等部门应当按照各自职责,依法做好防雷减灾的相关管理工作,并接受气象主管机构的业务指导。

第六条 市、县(市)气象主管机构应当在本级人民政府领导下会同有关部门组织编制防雷减灾规划,并纳入经济社会发展规划。

防雷减灾经费应当纳入本级财政预算。

第七条 市、县(市)气象主管机构负责组织本行政区域内的雷电监测网建设,以防御雷电灾害。

第八条 市、县(市)气象主管机构应当加强雷电灾害预警系统的建设工作,提高雷电灾害预警和防雷减灾服务能力。

第九条 市、县(市)气象主管机构所属气象台(站)应当开展雷电监测、预警和预报,并及时向社会发布相关信息。

第十条 市、县(市)气象主管机构应当组织有关部门加强对雷电灾害防御技术的研究,开展防雷减灾科普宣传和科技咨询工作。

第十一条 下列建(构)筑物、场所或者设施应当安装符合国家技术规范要求的防雷装置:

(一)《建筑物防雷设计规范》规定的一、二、三类防雷建(构)筑物;

(二)石油、化工、燃气等易燃易爆物品的生产及储存场所;

(三)电力、通信、广播电视、医疗卫生设施;

(四)承载或者运行计算机系统、通信系统、卫星接收系统等设施;

（五）体育场馆、影剧院、商场、宾馆、医院、学校、车站、机场等公共服务设施和人员密集场所；

（六）高层建筑、文物建筑、重大城市基础设施以及其他易遭雷击的建（构）筑物和设施；

（七）根据具体地质、气象条件、设备和生命财产安全的要求，需要加装防雷装置的场所和设施；

（八）按照国家、地方行业相关技术标准规定应当安装防雷装置的其他设施和场所。

第十二条 市、县（市）气象主管机构按照有关规定负责本行政区域内属于气象主管机构监管的工程和场所防雷装置设计的审核工作。气象主管机构应当自受理申请之日起二十日内委托有关机构开展防雷装置设计技术评价并作出审核决定。审核合格的设计方案，由气象主管机构颁发《防雷装置设计核准意见书》。

其他工程防雷装置设计的审核工作，由相关部门依法办理。

未经审核或者审核不合格的设计方案，不得交付施工。

第十三条 防雷工程施工单位应当按照审核同意的设计文件进行施工，并接受有关部门和机构的监督管理。

在施工中变更和修改设计方案的，应当按照原申请程序重新申请审核。

第十四条 安装防雷装置的建设项目开工后，建设单位应当委托具有相应资质的防雷检测单位根据工程施工进度，分阶段进行跟踪检测，并出具检测报告。检测报告作为竣工验收的技术依据。

建设项目竣工后，属于气象主管机构监管的工程或者场所的防雷装置，建设单位应当向气象主管机构申请防雷装置的竣工验收。气象主管机构接到申请后应当自受理申请之日起十日内验收完毕。验收合格的，由气象主管机构核发《防雷装置竣工验收意见书》；验收不合格的，不予核发，告知申请人并书面说明理由。未经验收或者验收不合格的，不得投入使用。

其他工程防雷装置的竣工验收，由相关部门依法办理。

第十五条 防雷装置检测单位应当按照有关规定取得省级气象主

管机构认定的防雷装置检测资质。

第十六条 投入使用后的防雷装置实行定期检测制度。防雷装置检测应当每年一次,其中对石油、化工、燃气等易燃易爆物品生产及储存场所的防雷装置检测应当在 5 月份前完成。

第十七条 防雷装置检测单位对防雷装置检测后,应当出具检测报告。检测不合格的,提出整改意见,被检测单位应当根据整改意见及时进行整改;拒不整改或者整改不合格的,由气象主管机构责令其限期整改。

第十八条 防雷装置检测单位应当遵守下列规定:

(一)执行国家标准和规范;

(二)保证检测报告的真实性、科学性、公正性;

(三)按照价格部门规定的标准收费;

(四)向社会公开防雷装置检测收费的项目、标准以及监督电话;

(五)不得从事防雷工程施工业务。

第十九条 防雷装置的产权人或者使用人应当遵守下列规定:

(一)建立防雷装置定期检测制度;

(二)建立防雷装置责任人制度;

(三)指定专人做好防雷装置的维护工作;

(四)生产和储存石油、化工、燃气等易燃易爆物品的单位应当建立雷电灾害事故应急预案;

(五)接受有关部门和机构的监督检查。

第二十条 市、县(市)气象主管机构负责组织本辖区内的雷电灾害调查、鉴定和评估工作。

其他有关部门和单位应当协助气象主管机构做好雷电灾害调查、鉴定和评估工作。

第二十一条 遭受雷电灾害的单位和个人,应当及时向当地气象主管机构报告灾情,并协助气象主管机构对雷电灾害进行调查和鉴定。

气象主管机构应当及时向本级人民政府和上级气象主管机构报送调查报告及鉴定结果,并建立雷电灾害档案。

第二十二条 市、县(市)气象主管机构负责组织对本行政区域内的大型建设工程、重点工程、爆炸危险环境等建设项目进行雷击风险评估，以确保公共安全。

与雷电气候条件密切相关的规划和建设项目，应当组织进行雷电气候可行性论证。建设单位在项目可行性研究阶段或者初步设计时，应当向气象主管机构提供具有相应资质的单位出具的雷电气候可行性论证报告。对可行性论证报告中未包括雷电气候可行性论证内容的建设项目，负责项目审批的部门不予审批或者核准。

第二十三条 防雷产品应当通过正式鉴定，并由国务院气象主管机构授权的检验机构测试合格后投入使用。

第二十四条 违反本办法规定及相关规定，有下列行为之一的，由气象主管机构责令改正，给予警告，可以处三万元以下罚款；给他人造成损失的，依法承担赔偿责任；构成犯罪的，依法追究刑事责任：

（一）涂改、伪造、倒卖、出租、出借防雷检测资质证书或者相关防雷许可文件的；

（二）向负责监督检查的机构隐瞒有关防雷工作情况、提供虚假材料或者拒绝提供反映其活动情况的真实材料的；

（三）对重大雷电灾害事故隐瞒不报的。

第二十五条 违反本办法规定，有下列行为之一的，由气象主管机构责令停止违法行为，可以处五万元以上十万元以下的罚款；有违法所得的，没收违法所得；给他人造成损失的，依法承担赔偿责任：

（一）无资质或者超越资质许可范围从事防雷装置检测的；

（二）在防雷装置检测中弄虚作假的。

第二十六条 违反本办法规定，属于气象主管机构监管的工程或者场所的防雷装置，建设单位有下列行为之一的，由气象主管机构责令改正，给予警告，可以处三万元以下罚款；给他人造成损失的，依法承担赔偿责任：

（一）防雷装置设计未经气象主管机构审核或者审核未通过，擅自施工的；

（二）防雷装置未经气象主管机构竣工验收或者验收不合格，擅自投入使用的；

（三）应当安装防雷装置而拒不安装的；

（四）使用不符合要求的防雷装置或者产品的；

（五）已有防雷装置,拒绝进行检测或者经检测不合格又拒不整改的。

第二十七条 防雷装置检测单位有下列行为之一的,由气象主管机构予以警告,责令限期改正,可以处一千元以上一万元以下的罚款；造成损失的,依法承担赔偿责任：

（一）出具虚假检测报告的；

（二）不按规定送交检测报告的；

（三）从事防雷工程施工业务的。

第二十八条 违反本办法规定,导致雷击造成火灾、爆炸、人员伤亡以及国家财产重大损失的,由主管部门给予直接责任人行政处分；构成犯罪的,依法追究刑事责任。

第二十九条 气象主管机构工作人员在防雷减灾工作中,滥用职权、玩忽职守、徇私舞弊的,由其所在单位或者上级机关给予行政处分；构成犯罪的,依法追究刑事责任。

第三十条 本办法自 2010 年 12 月 1 日起施行。

青岛市防雷减灾管理规定

（2000 年 4 月 2 日青岛市政府令第 101 号公布，根据 2004 年 9 月 29 日青岛市政府令第 171 号第一次修订，根据 2018 年 2 月 7 日青岛市政府令第 261 号第二次修订）

第一条 为防御和减轻雷电灾害，保护人民生命财产的安全，保障经济和社会发展，根据《中华人民共和国气象法》及有关法律、法规的规定，结合本市实际情况，制定本规定。

第二条 本规定适用于本市行政区域。

第三条 市、区（市）气象主管机构负责组织管理气象雷电灾害防御工作，并会同有关部门指导、监督雷电灾害防护装置的设计、安装与检测工作。各级防雷减灾机构负责本辖区内防雷减灾的具体工作。

建设、规划、公安、劳动、交通运输、水利、电力等有关部门，应当按照各自职责和本规定，共同做好防雷减灾工作。

第四条 气象主管机构负责下列事项的防雷装置设计审核和竣工验收许可：

（一）油库、气库、弹药库、化学品仓库、烟花爆竹、石化等易燃易爆建设工程和场所；

（二）雷电易发区内的矿区、旅游景点或者投入使用的建（构）筑物、设施等需要单独安装雷电防护装置的场所；

（三）雷电风险高且没有防雷标准规范、需要进行特殊论证的大型项目。

建设行政主管部门负责房屋建筑工程和市政基础设施工程防雷装置设计审核、竣工验收许可，并纳入建筑工程施工图审查、竣工验收备案进行统一管理。

交通运输、水利、电力等专业部门负责公路、水路、水利、电力等专业建设工程防雷装置设计审核、竣工验收行政许可。

第五条 下列易遭雷击的建(构)筑物、设施应当安装雷电灾害防护装置：

(一)高层建筑、中型以上的厂房及 20 米以上的烟囱、水塔等建(构)筑物；

(二)宾馆、会堂、体育馆、展览馆、影剧院等大型公共建筑物；

(三)油库、液化气站、煤制气站、加油站、露天化工设施及重要物资仓库等易燃易爆设施；

(四)程控系统、卫星接收系统、计算机网络系统；

(五)重要的航空、航海地面导航设施；

(六)重点文物保护建筑物；

(七)电力、通信、广播电视设施；

(八)其它易遭雷击的建(构)筑物及设施。

第六条 对第一、二、三类防雷建筑物、易燃易爆场所的防雷设计实行审核制度。未经审核或审核不合格的,建设单位不得安排施工。

第七条 雷电灾害防护装置的设计,应当符合国家《建筑物防雷设计规范》的要求,由审批部门委托具有相关资质的机构开展防雷装置设计技术评价。雷电灾害防护装置设计需要变更的,应当经原审核机构审核同意。

新建、改建、扩建建(构)筑物防雷装置检测,由审批部门委托具有相关资质的机构开展。

第八条 新建、扩建雷电灾害防护装置竣工,应当经审批部门验收合格。

对不符合防雷规范要求的雷电灾害防护装置,安装单位应当按防雷规范的要求进行改装。

第九条 安装雷电灾害防护装置的使用单位,应当指定专人负责雷电灾害防护装置的维护保养工作,发现雷电灾害防护装置损坏时应当及时维修并检测。

第十条 雷电灾害防护装置应当每年检测一次。易燃易爆危险物品生产、储存等场所的雷电灾害防护装置,每 6 个月检测一次。

对检测不合格的雷电灾害防护装置,由审批部门责令使用单位限期整改,整改后的雷电灾害防护装置应当进行复检。

第十一条 禁止销售和安装未经认可的防雷产品。

第十二条 雷电灾害发生后,发生灾害的单位,应当及时向防雷减灾机构报告,保护好雷击现场,并协助防雷减灾机构做好灾情调查、鉴定和处理工作。

第十三条 雷电防护装置的设计、安装违反本规定的,由气象主管机构或者有关行政主管部门依法处理。

第十四条 违反本规定导致雷电灾害发生、造成人员伤亡或重大财产损失的,由有关主管部门对直接责任人员给予行政处分;构成犯罪的,依法追究刑事责任。

第十五条 防雷减灾行政管理人员,玩忽职守、滥用职权,造成生命或财产损失的,由有关部门给予行政处分;构成犯罪的,依法追究刑事责任。

第十六条 雷电灾害防护装置的检测收费按照省的有关规定执行。

第十七条 本规定自发布之日起施行。

苏州市防雷减灾管理办法

（2019 年 11 月 5 日苏州市人民政府令第 151 号公布）

第一条 为了防御和减轻雷电灾害（以下简称防雷减灾），保护国家利益和人民生命财产安全，促进经济建设和社会发展，根据《中华人民共和国气象法》《气象灾害防御条例》《江苏省气象灾害防御条例》等法律、法规，结合本市实际，制定本办法。

第二条 在本市行政区域内开展防雷减灾活动，适用本办法。

第三条 防雷减灾工作遵循预防为主、防治结合、归口管理、分工协作的原则。

第四条 市、县级市（区）人民政府应当加强对防雷减灾工作的组织领导，督促有关部门履行防雷减灾管理职责，将防雷减灾工作纳入安全生产考核体系，雷电灾害防御监管工作经费纳入本级财政预算。

镇人民政府、街道办事处、开发区（园区）管理机构应当加强对本区域内生产经营单位防雷减灾安全状况的监督检查，协助上级人民政府有关部门依法履行防雷减灾监督管理职责。

第五条 市、县级市（区）气象主管机构应当加强对雷电灾害防御工作的组织管理，做好雷电监测预警、雷电灾害调查鉴定和防雷科普宣传工作，负责易燃易爆等相应领域建设工程、场所的防雷减灾监督管理。

住房和城乡建设、交通运输、水务、发展和改革、工业和信息化等部门负责本行政区域相应领域内建设工程的防雷减灾监督管理。

第六条 市、县级市（区）气象主管机构应当加强雷电监测系统建设，开展雷电灾害预警工作。

第七条 各类建（构）筑物、场所和设施安装雷电防护装置应当符合国家有关防雷标准的规定。新建、改建、扩建建（构）筑物、场所和设施，应当按照国家规范安装雷电防护装置。雷电防护装置应当与主体工程同时设计、同时施工、同时投入使用。

新建、改建、扩建建设工程雷电防护装置的设计、施工，可以由取得相应建设、公路、水路、铁路、民航、水利、电力、核电、通信等专业工程设计、施工资质的单位承担。

第八条 雷电防护装置检测机构应当取得相应的资质证书，并按照资质等级承担相应的雷电防护装置检测工作。从事雷电防护装置检测的技术人员，应当具备相应的检测能力，并按照国家有关标准和技术规范开展检测工作。

禁止无资质机构从事雷电防护装置的检测。

第九条 市、县级市（区）气象主管机构负责油库、气库、弹药库、化学品仓库和烟花爆竹、石化等易燃易爆建设工程和场所，雷电易发区内的矿区、旅游景点或者投入使用的建（构）筑物、设施等需要单独安装雷电防护装置的场所，以及雷电风险高且没有防雷标准规范、需要进行特殊论证的大型项目的雷电防护装置设计审核、竣工验收和监督管理。未经设计审核或者设计审核不合格的，不得施工；未经竣工验收或者竣工验收不合格的，不得交付使用。

房屋建筑、市政基础设施、公路、水路、铁路、民航、水利、电力、通信等建设工程的主管部门，按照有关规定负责相应领域内建设工程的防雷减灾监督管理，督促本行业做好雷电防护装置维护保养和检测工作。

第十条 油库、气库、弹药库、化学品仓库和烟花爆竹、石化等易燃易爆建设工程和场所，雷电易发区内的矿区、旅游景点或者投入使用的建（构）筑物、设施等需要单独安装雷电防护装置的场所，以及雷电风险高且没有防雷标准规范、需要进行特殊论证的大型项目竣工验收时，由气象主管机构委托具有相应资质的雷电防护装置检测机构进行竣工检测。

房屋建筑、市政基础设施、公路、水路、铁路、民航、水利、电力、通信等建设工程的主管部门应当指导、督促相关单位做好雷电防护装置竣工工作。

第十一条 雷电防护装置的所有者应当加强对雷电防护装置的维护、保养，并委托具有相应资质的雷电防护装置检测机构实施定期检测。生产、储存易燃易爆物品场所的雷电防护装置应当每半年检测一次，其他雷电防护装置应当每年检测一次。检测不合格的，雷电防护装置的所有者应当按标准和规范主动整改。

雷电防护装置检测机构对雷电防护装置检测后，应当出具检测报告，并对检测报告的全面性、真实性、准确性负责。

第十二条 装有雷电防护装置的生产经营单位应当在生产安全事故应急救援预案中明确防雷相关内容，建立健全防雷安全事故隐患排查治理制度，如实记录雷电防护装置的日常维护和定期检测情况，及时发现并消除事故隐患。

装有雷电防护装置的生产经营单位应当将防雷安全生产知识纳入从业人员安全生产教育和培训内容。

第十三条 单位或者个人遭受雷电灾害，应当及时向当地气象主管机构报告，并协助进行灾情调查。

气象主管机构接到雷电灾害报告后，应当及时开展调查。对造成人员伤亡或者重大财产损失的，应当及时进行现场勘察、调查，并将勘察、调查结果通报有关单位。

第十四条 任何单位和个人违反本办法规定，受到行政处罚的，相关信息按照规定纳入公共信用信息系统，实行联合惩戒。

第十五条 违反本办法规定的行为，法律、法规和规章已经规定法律责任的，从其规定。

第十六条 国家工作人员在防雷减灾工作中滥用职权、玩忽职守、徇私舞弊，依法给予处分；构成犯罪的，依法追究刑事责任。

第十七条 本办法自公布之日起施行。2002 年 6 月 27 日发布的、2004 年 7 月 22 日根据《苏州市人民政府关于修改〈苏州市防雷减灾管理办法〉的决定》（苏州市人民政府令第 64 号）修正的《苏州市防雷减灾管理办法》（苏州市人民政府令第 25 号）同时废止。

宁波市防御雷电灾害管理办法

（2019 年 3 月 16 日宁波市人民政府令第 245 号公布）

第一条 为了防御和减轻雷电灾害，保护国家利益和人民生命财产安全，促进经济建设和社会发展，依据《气象灾害防御条例》《浙江省安全生产条例》《宁波市气象灾害防御条例》《浙江省雷电灾害防御和应急办法》等有关规定，结合本市实际，制定本办法。

第二条 本办法适用于本市行政区域内雷电灾害的防御活动。

第三条 雷电灾害防御遵循预防为主、防治结合、归口管理、分工协作的原则。

第四条 市和区县（市）人民政府应当将防雷安全工作纳入安全生产监管体系，落实防雷减灾责任和措施，保障雷电灾害防御经费。

乡（镇）人民政府、街道办事处应当协助气象主管机构以及相关部门开展雷电灾害防御工作。

第五条 市和区县（市）气象主管机构负责本行政区域内雷电灾害防御工作的指导、监督和管理。

市和区县（市）负有安全生产监督管理职责的部门履行本行业、本领域的防雷安全监管职责。

其他有关行政主管部门应当按照各自职责，共同做好雷电灾害防御的相关工作。

第六条 市和区县（市）人民政府及相关部门应当加强雷电防护标准化建设，鼓励和支持雷电监测预警与雷电灾害防御技术的研究、开发和推广应用。

第七条 气象主管机构应当利用各类大众传播媒介，组织开展雷电灾害防御和应急自救知识的宣传教育。

国家机关、企业事业单位、基层群众性自治组织,应当结合实际,做好雷电灾害防御科普知识的宣传。

第八条 新建、改建、扩建建(构)筑物、场所或者设施的雷电防护装置,应当与主体工程同时设计、同时施工、同时投入使用。

安装雷电防护装置应当符合国家有关防雷标准的规定,其设计、施工、验收及检测应当执行国家标准、行业标准或者地方标准。

第九条 下列建设工程安装雷电防护装置,应当经气象主管机构设计审核和竣工验收;未经设计审核或者设计审核不合格的,不得施工;未经竣工验收或者竣工验收不合格的,不得交付使用:

(一)油库、气库、弹药库、化学品仓库和烟花爆竹、石化等易燃易爆建设工程和场所;

(二)雷电易发区内的矿区、旅游景点或者投入使用的建(构)筑物、设施等需要单独安装雷电防护装置的场所;

(三)雷电风险高且没有防雷标准规范、需要进行特殊论证的大型项目。

房屋建筑工程、市政基础设施工程雷电防护装置的设计审核、竣工验收,纳入建筑工程施工图审查、竣工验收。

第十条 房屋建筑、市政基础设施、公路、水路、铁路、民航、水利、电力、核电、通信等建设工程的主管部门,负责相应领域内建设工程的防雷管理。

负有安全生产监督管理职责的部门负责对本行业、本领域投入使用后的雷电防护装置实施安全监管;其中第九条第一款规定的建设工程安装的雷电防护装置,其投入使用后的安全监管,由气象主管机构负责。

第十一条 雷电防护装置的所有人或者管理人,应当做好雷电防护装置的日常维护工作,并按照规定对雷电防护装置实行定期检测,其中易燃易爆场所的雷电防护装置每半年检测一次。

第十二条 雷电防护装置检测机构应当依法在资质许可的范围内从事检测活动,其从事雷电防护装置检测的技术人员,应当具备相应的检测能力,并按照国家有关标准和技术规范开展检测活动。

雷电防护装置检测机构对雷电防护装置检测后,应当出具检测报告,并对其真实性、准确性负责。禁止伪造、变造检测报告或者其数据、结果。

雷电防护装置的所有人或者管理人应当妥善保管雷电防护装置的检测报告,其中易燃易爆场所的定期检测报告应当报送当地气象主管机构。

第十三条 负有安全生产监督管理职责的部门在进行安全生产检查时,应当查验雷电防护装置检测报告。对涉及本办法第九条第一款规定的建设工程,查验中发现检测报告缺失或者检测报告中明示有需要整改的内容,但雷电防护装置的所有人或者管理人未按照要求进行整改的,应当告知气象主管机构,气象主管机构应当依法处理。

气象主管机构和其他履行防雷监管职责的部门应当对防雷安全监督检查情况和处理结果予以记录。

第十四条 气象主管机构应当划分雷电易发区域及其防范等级,做好雷电监测、预报预警、雷电灾害调查鉴定等工作。

气象主管机构所属的气象台站应当加强对雷电灾害性天气的监测,及时向社会发布雷电灾害预警信息。

第十五条 乡(镇)人民政府、街道办事处收到气象主管机构所属的气象台站发布的雷电灾害预警信息后,应当通过广播、预警大喇叭、电子显示装置等途径,及时向本辖区公众传播预警信息,并组织公众采取相应的避险措施。

第十六条 学校、机场、客运码头、旅游景点等公共场所及其他人员密集场所的经营、管理单位应当确定应急联系人,通过广播、预警大喇叭、电子显示装置等途径及时传递雷电灾害预警信息,开展防灾避灾。

第十七条 易燃易爆场所的经营、管理单位应当在生产安全事故应急预案中明确防雷相关内容,做好雷电防护装置的日常检修,定期组织演练,及时发现并消除防雷安全隐患。

收到气象主管机构所属的气象台站发布的雷电灾害预警信息或者雷电灾害发生后,易燃易爆场所的经营、管理单位应当及时启动应急预案,开展防灾避灾。

易燃易爆场所的经营、管理单位应当定期开展职工防雷安全教育和培训,普及防雷安全技术知识,提高职工的雷电灾害防御意识和防范技能。

第十八条 单位和个人遭受雷电灾害的,应当及时报告当地气象主管机构。

气象主管机构接到报告后应当及时组织调查和鉴定,自接到报告之日起 10 个工作日内作出雷电灾害调查报告,重特大雷电灾害可以延长 7 个工作日。

气象主管机构进行雷电灾害调查鉴定时,有关单位和个人应当予以配合。

第十九条 气象主管机构应当加强对雷电灾害发生机理和防御技术的研究,为企业、公众防御雷电灾害提供技术指导。

市气象主管机构应当统计分析本市雷电灾害的发生情况,向社会发布雷电监测公报。

第二十条 违反本办法规定的行为,法律、法规和规章已有法律责任规定的,从其规定。

第二十一条 气象主管机构和其他有关部门及其工作人员违反本办法规定,在雷电灾害防御工作中滥用职权、玩忽职守、徇私舞弊的,由有权机关责令改正,对直接负责的主管人员和其他直接责任人员依法给予行政处分;构成犯罪的,依法追究刑事责任。

第二十二条 本办法中下列用语的含义是:

(一)重特大雷电灾害是指一起雷击造成 2 人以上身亡,或者 1 人身亡并有 4 人以上受伤,或者没有人员身亡但 5 人以上受伤,或者直接经济损失 100 万元以上的雷电灾害。

(二)易燃易爆场所是指在生产、使用、储存易燃易爆物品的场所及周边一定范围的安全保护区域。

第二十三条 本办法自 2019 年 5 月 1 日起施行。

滁州市雷电灾害防御管理办法

（2022 年 12 月 5 日滁州市人民政府令第 30 号公布）

第一条 为加强雷电灾害防御，保障人民生命财产和公共安全，促进经济社会发展，根据《中华人民共和国气象法》《气象灾害防御条例》等法律、法规，结合本市实际，制定本办法。

第二条 本办法适用于本市行政区域内雷电灾害的预防、检测、预警、管理等活动。

第三条 雷电灾害防御遵循以人为本、安全第一、预防为主、防治结合的原则。

第四条 市、县（市、区）人民政府应当加强对雷电灾害防御工作的组织、领导和协调，加大经费投入，提高雷电灾害防御能力。

乡（镇）人民政府、街道办事处应当协助气象主管机构以及相关部门开展雷电灾害防御工作。

第五条 市、县（市、区）气象主管机构负责本行政区域内雷电监测预警、雷电易发区域划定等雷电灾害防御工作。

发展改革、住房和城乡建设、交通运输、应急管理、教育体育、文化和旅游、市场监管、农业农村、林业、经济信息等部门按照各自职责，做好雷电灾害防御工作。

第六条 市、县（市、区）人民政府及其有关部门和气象主管机构应当采取多种形式，加强防雷科普知识宣传，增强公众的雷电灾害防御意识，提高应急避险和救助能力。

学校应当将防雷知识纳入科普教育内容。

鼓励法人和其他组织结合实际开展防雷科普知识宣传。

第七条 下列场所或者设施，应当安装雷电防护装置：

（一）建筑物防雷设计规范规定的一、二、三类防雷建（构）筑物；

（二）石油、化工等易燃易爆物资的生产、储存、输送、销售等场所和设施；

（三）电力生产设施和输配电系统；

（四）计算机信息系统、通讯设施、广播电视设施、自动控制和监控设施；

（五）医院、学校、车站、机场、商场、超市、文化体育场馆等公共服务设施和人员密集场所；

（六）国家规定应当安装雷电防护装置的其他场所和设施。

第八条 各类建（构）筑物、场所和设施安装雷电防护装置应当符合国家有关防雷标准的规定。新建、改建、扩建建（构）筑物、场所或者设施的雷电防护装置，应当与主体工程同时设计、同时施工、同时投入使用。

鼓励和引导雷电灾害风险较高的村民集中居住区和种养殖区安装雷电防护装置。

第九条 下列工程、场所雷电防护装置的设计审核和竣工验收由气象主管机构负责：

（一）油库、气库、弹药库、化学品仓库、烟花爆竹、石化等易燃易爆建设工程和场所，以及其他建设工程中的易燃易爆场所；

（二）雷电易发区内的矿区、旅游景点或者投入使用的建（构）筑物、设施等需要单独安装雷电防护装置的场所；

（三）雷电风险高且没有防雷标准规范、需要进行特殊论证的大型项目。

未经设计审核或者设计审核不合格的，不得施工；未经竣工验收或者竣工验收不合格的，不得交付使用。

第十条 房屋建筑工程和市政基础设施工程雷电防护装置设计审核、竣工验收纳入建筑工程施工图审查、竣工验收备案，由市、县（市、区）住房和城乡建设部门负责监督管理。

公路、水路、铁路、民航、水利、电力、通信等专业建设工程的雷电防护装置设计审核由各专业部门负责监督管理。

第十一条 投入使用的雷电防护装置实行定期检测制度。石油、化工等易燃易爆物资的生产、储存、输送、销售等场所和设施的检测周期为每半年一次，其他为每年一次。

雷电防护装置的产权单位或者使用单位应当做好雷电防护装置的日常维护，主动委托有相应资质的雷电防护装置检测单位进行定期检测，发现雷电防护装置存在安全隐患的，应当及时采取措施进行处理。

第十二条 雷电防护装置检测单位应当按照国家有关标准和技术规范开展检测活动，出具真实、准确的检测报告。

雷电防护装置检测发现安全隐患的，应当及时告知产权单位或者使用单位进行整改，检测项目清单应当通过全国防雷减灾综合管理服务平台填报，接受监督管理。

第十三条 市、县(市、区)气象主管机构所属的气象台应当加强雷电监测、预报，及时向社会发布雷电灾害预警信息。

广播、电视、报纸、网络等媒体和基础电信运营企业应当及时、准确将雷电预警信息向社会传播，对重大雷电天气的补充预警信息，应当及时插播或者增播。

第十四条 乡(镇)人民政府、街道办事处收到雷电灾害预警信息后，应当通过应急广播、电子显示装置等途径及时向本辖区公众传播预警信息，并采取相应的避险措施。

医院、学校、车站、机场、商场、超市、文化体育场馆等公共服务设施和人员密集场所的经营、管理单位应当确定应急联系人，通过应急广播、电子显示装置等途径及时传播雷电灾害预警信息。

第十五条 易燃易爆场所的经营、管理者应当在生产安全事故应急救援预案中明确雷电灾害防御内容，定期开展雷电防御安全教育、培训和演练，提高雷电灾害防御意识和防范能力。

易燃易爆场所的经营、管理者在收到雷电灾害预警信息或者雷电灾害发生后，应当及时启动应急预案，开展防灾减灾工作。

第十六条 遭受雷电灾害损失的单位和个人，应当在 24 小时内向所在地气象主管机构报告。

市、县(市、区)气象主管机构应当按照国家有关规定及时对雷电灾害进行调查和鉴定,并向当地人民政府和上级气象主管机构及时报告雷电灾害情况。

第十七条 气象、消防、应急管理、教育体育、经济信息、文化和旅游、住房和城乡建设等机构和部门在对本办法第七条规定的场所和设施进行安全检查时,应当查验雷电防护装置检测报告,并对检查情况予以记录。

第十八条 各级人民政府、气象主管机构和其他有关部门及其工作人员违反本规定,未依法履行职责的,由上级机关责令改正;情节严重的,对直接负责的主管人员和其他直接责任人员依法给予处分;构成犯罪的,依法追究刑事责任。

第十九条 违反本办法规定的行为,法律、法规、规章已有法律责任规定的,从其规定。

第二十条 本办法自 2023 年 3 月 1 日起施行。

洛阳市防雷减灾管理办法

(2007 年 4 月 19 日洛阳市人民政府令第 91 号公布)

第一条 为了防御和减轻雷电灾害(以下简称防雷减灾),保护国家利益和人民生命财产安全,促进经济建设和社会发展,根据《中华人民共和国气象法》《防雷减灾管理办法》(中国气象局第 8 号令)和《河南省防雷减灾实施办法》(省政府第 81 号令),结合本市实际,制定本办法。

第二条 在本市行政区域内从事防雷减灾活动的单位和个人,应当遵守本办法。

第三条 防雷减灾工作实行预防为主、防治结合的原则。

第四条 市、县(市)人民政府应当加强对防雷减灾工作的领导和协调,并履行以下职责:

(一)将防雷减灾工作纳入本级人民政府安全生产监督管理工作中,所需经费纳入本级人民政府的财政预算;

(二)组织编制雷电灾害防御规划,建立雷电灾害监测预警系统,提高防雷减灾能力;

(三)加强重点防雷单位、防雷设施、防雷场所以及雷灾多发区的监管;

(四)制定本级人民政府的重大雷电灾害应急救援预案。

第五条 市气象主管机构负责组织管理和监督指导全市的防雷减灾工作,县(市)气象主管机构根据职责分工负责管理本辖区域的防雷减灾工作。

安全生产监督、城市规划、建设、质量技术监督、公安消防等相关部门按照各自职责,依法做好防雷减灾工作。

第六条 下列场所或者设施应当安装防雷装置：

（一）《建筑物防雷设计规范》（GB 50057—94）规定的一、二、三类防雷建（构）筑物；

（二）石油、化工、易燃易爆物资和危险品的生产、贮存场所；

（三）电力生产设施和输配电系统；

（四）重要的计算机设备和网络系统、通信设施、广播电视设施；

（五）大型物资仓库、高空娱乐游乐设施和交通运输、医疗卫生、金融证券等公共服务机构的主要设施；

（六）法律、法规、规章规定的其他场所和设施。

第七条 防雷装置应当按照国家强制性技术规范和标准进行设计、施工、检测和使用。

第八条 新建、改建、扩建的建设工程防雷装置实行设计审核制度。

防雷装置设计方案报请审核时，建设单位应当提交以下资料：

（一）防雷装置设计审核申请书；

（二）总规划平面图；

（三）防雷工程专业设计单位的资质证书；

（四）防雷装置施工图设计说明书、施工图设计图纸及相关资料；

（五）设计方案中所采用的防雷产品相关资料；

（六）防雷专业技术机构出具的有关技术评价意见；

（七）法律、法规、规章规定的其他资料。

第九条 气象主管机构应当在受理防雷装置设计方案审核申请之日起 20 个工作日内办理完毕。审核合格的，出具核准证明；不合格的，书面告知理由。

第十条 新建、改建、扩建的建设工程防雷装置实行竣工验收制度。

防雷装置竣工后，应当向气象主管机构提交以下资料：

（一）防雷装置竣工验收申请书；

（二）防雷装置设计核准书；

（三）防雷工程专业施工单位的资质证书；

（四）防雷装置检测机构出具的防雷装置检测报告；

（五）防雷装置竣工图等技术资料；

（六）防雷产品出厂合格证、安装记录和由国家认可的防雷产品测试机构出具的测试报告。

第十一条 气象主管机构应当在受理防雷装置竣工验收申请之日起5个工作日内办理完毕。合格的，出具验收合格证；不合格的，书面告知理由。

第十二条 新建、改建、扩建的建设工程的防雷装置应当与主体工程同时设计、同时施工、同时投入使用。

第十三条 投入使用后的防雷装置实行定期检测制度。防雷装置应当每年检测一次，对爆炸危险环境场所的防雷装置应当每半年检测一次。

对需要进行防静电接地保护装置检测的场所进行防雷装置检测的，应当同时进行防静电检测。

检测单位在检测后应当出具检测报告。对检测不合格的防雷装置，提出整改意见；经整改验收合格后方可继续使用。被检测单位拒绝整改或者整改不合格的，由市、县（市）气象主管机构限期整改。

第十四条 投入使用的防雷装置的管理单位（包括接受委托的物业管理机构）应当做好日常维护工作。发现故障或者损坏的，应当及时维修或者重建，并重新进行防雷检测。

第十五条 从事防雷工程专业设计、施工和防雷检测的单位应当依法取得相应资质证书。

禁止无证或者超出资质等级从事防雷工程专业设计、施工和防雷检测。

第十六条 防雷产品应当符合国家标准。禁止安装、使用不合格的防雷产品。

第十七条 单位或者个人违反本办法规定的，由气象主管机构或者法律、法规规定的部门依法予以处罚。

第十八条 本办法下列用语的含义：

（一）雷电灾害：是指因直击雷、雷电感应、雷电感应的静电、雷电波侵入等造成的人员伤亡、财产损失；

（二）防雷装置：是指接闪器、引下线、接地装置、电涌保护器及其他连接导体等防雷产品和设施的总称；

（三）防雷工程：是指防雷装置建设工程。按其性能分为直击雷防护工程和雷电电磁脉冲防护工程。

第十九条 本办法自 2007 年 6 月 1 日起施行。

茂名市防御雷电灾害管理办法

（2022 年 12 月 30 日茂名市人民政府令第 8 号公布）

    第一条 为防御和减轻雷电灾害，保护人民群众生命财产安全，根据《中华人民共和国气象法》《气象灾害防御条例》《广东省防御雷电灾害管理规定》等有关法律法规和规章的规定，结合本市实际，制定本办法。

    第二条 本办法适用于本市行政区域内从事防御雷电灾害的活动。

    第三条 防御雷电灾害工作，坚持以人为本、安全第一、预防为主、防治结合、政府主导、部门联动、社会参与的原则。

    第四条 市、区（县级市）人民政府应当加强对防御雷电灾害工作的领导，将防御雷电灾害工作纳入公共安全监督管理范围，编制气象灾害防御规划应当包括防御雷电灾害内容。防御雷电灾害工作所需经费依法列入本级财政预算。

    经济功能区管委会按照职责做好防御雷电灾害工作。

    第五条 市气象主管机构负责组织管理和指导监督全市的防御雷电灾害工作。

    区（县级市）气象主管机构按照管理权限，负责组织管理本行政区域内的防御雷电灾害工作。

    市、区（县级市）人民政府的住房城乡建设、交通运输、水利、农业农村、教育、应急管理、电力、通信等部门应当在各自的职责范围内做好防御雷电灾害工作。

    第六条 防御雷电灾害行业协会应当加强行业自律，规范行业行为，提高行业技术能力和服务水平。

鼓励防御雷电灾害行业协会推动防御雷电灾害团体标准建设,提供信息、培训服务,开展检测服务满意度评价。

第七条 市、区(县级市)人民政府应当鼓励和支持防御雷电灾害科学技术研究,推广应用先进技术和防雷科研成果。市、区(县级市)气象主管机构及政府有关部门应当加强地方防御雷电灾害标准化工作,提高防御雷电灾害技术水平,组织做好防御雷电灾害标准的宣传贯彻实施。

第八条 市、区(县级市)气象主管机构应当按照国家、省有关规定,结合地方实际,组织本行政区域内的雷电监测网建设,建立完善雷电实时监测和短时临近预警业务系统。

化工园区、大型油气储存基地应当配备应用雷电预警系统,开展气象业务活动,应当遵守国家制定的气象技术标准、规范和规程。

第九条 可能发生雷电灾害时,市、区(县级市)气象主管机构所属的气象台站应当及时发布雷电灾害性天气预报、预警信息;其他组织或者个人不得以任何形式向社会发布。

公民、法人和其他组织应当配合并参与防御雷电灾害活动,根据雷电灾害预警信息及时做好应急准备。遭受雷电灾害的,应当及时向当地气象主管机构报告,并协助当地气象主管机构对雷电灾害进行调查与鉴定。

第十条 市、区(县级市)气象主管机构应当根据雷电灾害分布情况、易发区域和灾害风险评估等因素,划分雷电易发区域及其防范等级并及时向社会公布。

第十一条 市、区(县级市)人民政府及有关部门应当组织开展防御雷电灾害知识宣传和应急演练,增强社会公众防灾减灾意识和自救互救能力。

第十二条 雷电防护装置的安装和维护应当依照法律、法规、规章和有关技术规范规定执行。

第十三条 新建、改建、扩建建(构)筑物、场所和设施的雷电防护装置应当与主体工程同时设计、同时施工、同时投入使用。

新建、改建、扩建建设工程雷电防护装置的设计、施工,可以由取得相应建设、公路、水路、铁路、民航、水利、电力、核电、通信等专业工程设计、施工资质的单位承担。

第十四条 气象主管机构依法负责下列工程、场所的雷电防护装置的设计审核和竣工验收：

（一）油库、气库、弹药库、化学品仓库和烟花爆竹、民用爆炸物品、石化等易燃易爆建设工程和场所；

（二）雷电易发区内的矿区、旅游景点或者投入使用的建（构）筑物、设施等需要单独安装雷电防护装置的场所；

（三）雷电风险高且没有防雷标准规范、需要进行特殊论证的大型项目。

未经设计审核或者设计审核不合格的，不得施工；未经竣工验收或者竣工验收不合格的，不得交付使用。

第十五条 房屋建筑工程和市政基础设施工程雷电防护装置的设计审核和竣工验收，纳入建筑工程施工图审查和竣工验收备案，由住房城乡建设部门依法进行监管。

房屋建筑工程和市政基础设施工程中含有油库、气库、弹药库、化学品仓库和烟花爆竹、石化等易燃易爆附属工程的，其主体工程纳入建筑工程施工图审查和竣工验收备案管理，由住房城乡建设主管部门负责；其易燃易爆附属工程雷电防护装置的装置设计审核和竣工验收由气象主管机构负责。

公路、水路、铁路、民航、水利、电力、核电、通信等专业建设工程的主管部门，依法负责相应领域内建设工程的防雷管理。

第十六条 建设工程设计、施工、监理和雷电防护装置检测单位以及业主单位等应当履行在防雷工程质量安全方面的相应责任。

取得雷电防护装置检测资质的单位，应当按照资质等级承担相应的雷电防护装置检测工作，按照国家有关标准和规范，根据施工进度进行分项检测，出具检测意见，并对检测数据的真实性负责。

第十七条 市、区（县级市）气象主管机构负责对由其设计审核和竣工验收后投入使用的雷电防护装置实施安全监管；住房城乡建设、交通运输、水利、电力、通信等部门负责对本领域投入使用的雷电防护装置实施安全监管,并将雷电防护装置的施工、检测、竣工验收等信息数据与防雷安全监管平台共享。

　　第十八条　投入使用后的雷电防护装置实行定期检测制度。雷电防护装置应当每年检测一次,爆炸和火灾危险环境场所的雷电防护装置应当每半年检测一次。

　　雷电防护装置检测单位对检测合格的雷电防护装置,应当于检测完毕之日起 10 个工作日内出具检测报告,并在检测报告出具之日起 10 个工作日内通过省气象主管机构检测信息化监管平台获取身份识别码及对应的检测标识。

　　雷电防护装置检测单位对检测不合格的雷电防护装置,应当提出整改意见;拒不整改或者整改不合格的,雷电防护装置检测单位应当报告当地气象主管机构,由当地气象主管机构依法作出处理。

　　第十九条　大型建设工程、重点工程、爆炸和火灾危险环境、人员密集场所等项目应当进行雷电灾害风险评估,以确保公共安全。

　　编制国土空间规划、重点领域或者区域发展建设规划,以及重大建设工程、重大区域性经济开发项目和大型太阳能、风能等气候资源开发利用项目立项,有关部门应当统筹考虑气候可行性和气象灾害的风险性,避免和减少气象灾害、气候变化的影响。

　　第二十条　各类开发区、产业园区、新区及其他有条件区域应当开展工程建设项目区域雷电灾害风险评估。区域内符合区域评估适用条件的工程建设项目,不再单独进行雷电灾害风险评估。

　　区域雷电灾害风险评估,由承担区域管理职责的机构或者县级以上人民政府指定的部门组织实施。

　　第二十一条　市、区(县级市)气象主管机构应当组织做好雷电灾害风险评估工作,加强对雷电灾害风险评估报告质量及相关工作的监督管理。

　　雷电灾害风险评估机构应当具备相应的技术能力和经验,按照相关行业标准、技术规范的要求,使用气象主管机构所属的气象台站直接提供或者经当地气象主管机构审查的气象资料,开展雷电灾害风险评估。

第二十二条　防御雷电灾害实行协同监管和联合执法机制。市、区(县级市)气象主管机构应当会同住房城乡建设、应急管理等部门建立多部门联合执法协作机制，提高执法信息共享水平。

第二十三条　市、区(县级市)气象主管机构负责本行政区域内雷电防护装置检测单位的监督管理，应组织开展检测质量检查。

市气象主管机构应当为在本辖区从事雷电防护装置检测活动的检测单位建立从业信息档案，加强对本辖区检测单位检测活动的质量监管，监管结果记入检测单位从业信息档案，并按照国家规定向社会公示检测单位的行政许可、行政处罚信息。

第二十四条　雷电防护装置检测单位应当依法依规开展雷电防护装置检测服务，按照行业标准、规范要求建立档案管理制度，配合当地气象主管机构的监管和监督检查。

第二十五条　公民、法人和其他组织有权向行业主管部门投诉举报防雷安全违法行为，并对行业主管部门及其工作人员的监管行为进行监督。

第二十六条　违反本办法规定，有下列行为之一的，由气象主管机构或者其他有关部门依照法律、法规和规章规定进行处理；构成犯罪的，依法追究刑事责任：

(一)擅自向社会发布灾害性天气警报、气象灾害预警信号的；

(二)应当安装雷电防护装置而拒不安装或者使用不符合要求的雷电防护装置的；

(三)依法应由气象主管机构负责设计审核的雷电防护装置未经设计审核或者设计审核不合格施工的；

(四)依法应由气象主管机构负责竣工验收的雷电防护装置未经竣工验收或者竣工验收不合格交付使用的；

(五)已有雷电防护装置，拒绝进行检测或者经检测不合格又拒不整改的；

(六)在雷电防护装置设计、施工、检测活动中弄虚作假或者无资质、超越资质许可范围从事雷电防护装置检测行为的；

(七)对重大雷电灾害事故隐瞒不报的。

第二十七条　市、区(县级市)人民政府、气象主管机构和其他有关主管部门及其工作人员违反本办法,未依法履行职责的,由上级机关责令改正;情节严重的,对直接负责的主管人员和其他直接责任人员依法给予处分。

第二十八条　本办法自 2023 年 2 月 1 日起实施。

肇庆市防御雷电灾害管理办法

(2023 年 1 月 18 日肇庆市人民政府令第 15 号公布)

第一章 总 则

第一条 为了加强雷电灾害的防御,避免、减轻雷电灾害造成的损失,保障人民生命财产安全,根据《中华人民共和国气象法》《气象灾害防御条例》《广东省防御雷电灾害管理规定》等有关法律法规,结合本市实际,制定本办法。

第二条 本办法适用于本市行政区域内从事防御雷电灾害的活动。

第三条 防御雷电灾害工作坚持以人为本、安全第一、预防为主、防治结合的原则,实行政府主导、部门联动、分级负责的工作机制。

第四条 市、县级人民政府应当加强防御雷电灾害工作的组织领导,建立健全协调机制,将防御雷电灾害工作纳入公共安全监督管理范围,逐步加大对防御雷电灾害工作的投入。

乡镇人民政府(街道办事处)在市、县级人民政府统筹协调下,协助做好本辖区防御雷电灾害工作。

第五条 市、县级气象主管机构负责管理、指导和监督本行政区域内的防御雷电灾害工作,组织做好雷电监测和预报预警、雷电易发区域划定、雷电灾害风险评估、雷电灾害调查鉴定、雷电防护装置检测管理等工作。

市、县级住房城乡建设、交通运输、水利、农业农村、应急管理、工业和信息化、教育、文化广电旅游体育、城市管理和综合执法、电力、通信等部门,应当在各自的职责范围内做好防御雷电灾害工作。

第六条 鼓励和支持建立防御雷电灾害行业协会,推动防御雷电

灾害行业协会在服务企业发展、制定相关标准、提供信息及培训服务等
方面发挥作用。

防御雷电灾害行业协会应当加强行业自律,规范从业行为,提高行
业技术能力和服务水平,促进防御雷电灾害市场健康有序发展。

第七条 各级人民政府应当加强农村地区防御雷电灾害工作,完
善农村地区防御雷电灾害基础设施建设,将雷电防护装置的安装和维
护列入农村社会公益事业建设计划。

第八条 各级人民政府和有关部门应当采取多种形式,广泛宣传
防御雷电灾害法律法规和科普知识,增强社会公众防御雷电灾害意识,
提高自救互救能力。

村(居)民委员会应当在气象主管机构和有关部门的指导下开展防
御雷电灾害科普知识宣传,提高村(居)民科学防御雷电灾害认识和自
救互救能力。

机关、企事业单位和群众性团体组织,应当结合实际,开展防御雷
电灾害科普知识宣传及应急演练,提高应急处置能力。

学校应当把防御雷电灾害知识纳入安全教育课程,培养和提高学
生的防范意识和自救互救能力。教育、气象等部门应当进行指导和
监督。

第二章 风险预防与监测预警

第九条 市、县级气象主管机构应当根据本行政区域内雷电灾害
发生频次、分布情况和灾害风险评估等因素,划定雷电易发区域及其防
范等级,制定防范指引,并向社会公布。

第十条 下列建设项目应当在初步设计阶段同步开展雷电灾害风
险评估,以确保公共安全:

(一)本行政区域内确定的重点工程;

(二)大型的公共建筑、居住建筑、公路、铁路、桥梁、发电工程、生活
垃圾焚烧(含热能利用)工程等建设工程(大型建设工程划分标准依照
国家住房城乡建设部门的相关规定执行);

（三）生产、加工、储存、运输石油化工、燃气、氢气、氧气、炸药、弹药、烟花爆竹等爆炸品、压缩气体、液化气体、易燃液体、易燃固体的爆炸和火灾危险环境场所；

（四）宾馆、饭店、商场、集贸市场、医院、养老院、学校、幼儿园、汽车站、火车站、民用机场、体育场馆、公共图书馆、公共展览馆、公共博物馆、宗教活动场所、旅游景区等人员密集场所。

第十一条 全市范围内的各类开发区、产业园区、产业集聚基地、新区及其他有条件区域应当开展工程建设项目区域雷电灾害风险评估，区域内符合雷电灾害风险评估成果适用条件的工程建设项目不再单独进行雷电灾害风险评估。若评估区域内出现重大规划调整，应当重新进行评估。

区域雷电灾害风险评估工作由承担区域管理职责的机构或市、县级人民政府指定的部门负责组织实施。

第十二条 雷电灾害风险评估报告应当使用气象主管机构所属气象台站按规定提供的气象资料，评估方法和报告内容应当符合国家及气象行业相关标准。

第十三条 负责规划或者建设项目审批、核准的部门在编制规划和审批、核准建设项目时应当统筹考虑雷电灾害的风险性，将雷电灾害风险评估报告作为雷电灾害风险防范的参考依据，并征求同级气象主管机构的意见。

建设单位应当根据雷电灾害风险评估报告进行雷电防护装置设计或修改雷电防护装置设计方案，并在雷电防护装置施工阶段以及投入使用后运用评估成果，最大限度降低雷电灾害风险。

第十四条 鼓励和支持相关部门与保险行业加强合作，探索符合本地特点的雷电灾害保险险种、机制和模式。

鼓励大型建设工程、重点工程、爆炸和火灾危险环境、人员密集场所等项目购买雷电灾害保险，减少雷电灾害造成的损失。

遭受雷电灾害的单位和个人因保险理赔需要出具气象灾害证明的，灾害发生地的气象主管机构所属的服务部门应当及时免费为其出具。

第十五条　各级人民政府应当按照有关规定,结合本行政区域防御雷电灾害的需要,加强雷电监测网建设。

市、县级气象主管机构应当完善雷电灾害性天气监测和短时临近预警业务系统,确保监测和预警系统的正常运行。

市、县级气象主管机构所属气象台站应当加强对雷电灾害性天气的监测和预报,及时通过突发事件预警信息发布中心向社会发布雷电灾害性天气预警信息,其他单位或者个人不得以任何形式向社会发布。

第十六条　市、县级人民政府应当组织气象主管机构等有关部门在城乡显著位置、交通枢纽、公共活动场所、户外旅游景点、重点工程所在地、防灾避难场所以及雷电灾害易发区域设立明显的雷电防护警示标识。

第十七条　雷电灾害性天气发生时,当地人民政府有关部门应当按照各自职责和相关应急预案的规定,开展应急处置。

公民、法人和其他组织应当根据雷电灾害性天气预警信息及时做好应急准备,服从有关部门的指挥,按照防御指引或者标准规范采取相应的应急措施,开展自救互救。

市、县级气象主管机构所属气象台站应当通过短信、气象电子显示屏、乡村预警大喇叭等途径及时向农村地区发布雷电灾害性天气预警信息。乡镇人民政府、村(居)民委员会收到雷电灾害性天气预警信息后,应当通过有效途径及时向农村地区公众传播,并按照防御指引或者标准规范组织公众采取相应的应急措施。

第十八条　大型群众性活动的承办者应当将雷电灾害性天气影响因素纳入处置突发事件应急预案,并根据雷电灾害性天气预报预警信息调整活动时间、活动方案或者按照应急预案采取相应的应急处置措施。

第三章　雷电防护装置

第十九条　下列场所或者设施,应当安装符合国家有关雷电防护标准的雷电防护装置:

（一）国家《建筑物防雷设计规范》规定的一、二、三类防雷建筑物；

（二）生产、加工、储存、运输石油化工、燃气、氢气、氧气、炸药、弹药、烟花爆竹等爆炸品、压缩气体、液化气体、易燃液体、易燃固体的场所和设施；

（三）交通运输、广播电视、医疗卫生、金融证券、电力、通信等社会公共服务系统的主要设施及其建筑物的电子信息系统；

（四）宾馆、饭店、商场、集贸市场、医院、养老院、学校、幼儿园、汽车站、火车站、民用机场、体育场馆、公共图书馆、公共展览馆、公共博物馆、宗教活动场所、旅游景区和露天的大型游乐设施等公共服务设施和人员密集场所；

（五）重点文物保护建筑物；

（六）农村地区的学校、候车亭、文化体育场馆、防灾避难场所等公共场所以及雷电灾害风险等级较高的村民集中居住区和种养殖区；

（七）其他法律、法规规定应当安装雷电防护装置的场所或者设施。

第二十条 新建、改建、扩建建（构）筑物、场所和设施的雷电防护装置应当与主体工程同时设计、同时施工、同时投入使用。

第二十一条 新建、改建、扩建建设工程雷电防护装置的设计、施工，可以由取得相应建设、公路、水路、铁路、民航、水利、电力、核电、通信等专业工程设计、施工资质的单位承担。

第二十二条 从事雷电防护装置检测的单位应当依法取得气象主管机构颁发的资质证，并按照资质等级承担相应的雷电防护装置检测工作，禁止无雷电防护装置检测资质的单位从事雷电防护装置检测工作。

第二十三条 新建、改建、扩建建设工程的雷电防护装置建设、设计、施工、监理、检测单位，按照相应职责承担建设工程雷电防护装置的质量安全责任。

建设工程设计单位应当在编制项目设计文件时，同步编制雷电防护装置的设计文件，执行工程建设强制性标准，并对建设项目雷电防护装置设计全面负责。

雷电防护装置设计技术评价机构应当遵守国家有关标准、规范和规程,出具雷电防护装置设计技术评价报告,并对技术评价报告负责。

雷电防护装置施工单位应当按照通过审查、核准的设计文件和施工技术标准进行施工。隐蔽工程在隐蔽前,施工单位应当通知监理单位和雷电防护装置检测单位共同进行验收。

建设工程监理单位应当根据施工进度对雷电防护装置施工质量实施监理,并对施工质量承担监理责任。

雷电防护装置检测单位应当按照国家有关标准和规范,根据施工进度进行分项检测,出具检测意见,并对检测数据的真实性负责,分项检测意见应当作为竣工检测报告必要的技术支撑材料。

第二十四条 建设工程项目的雷电防护装置竣工后,应当经雷电防护装置检测单位检测合格。

雷电防护装置检测单位出具的分项检测意见和竣工检测报告作为雷电防护装置工程竣工验收的技术依据,归入建设工程竣工验收文件档案。

第二十五条 投入使用后的雷电防护装置实行定期检测制度。雷电防护装置应当每年检测一次,爆炸和火灾危险场所的雷电防护装置应当每半年检测一次。

第二十六条 已安装雷电防护装置的单位或者个人应当做好雷电防护装置的日常维护工作,并主动委托有相应资质的雷电防护装置检测单位进行定期检测;雷电防护装置作为公共安全设施,有物业服务人的,物业服务人应当按照物业服务合同的约定对物业服务区域内的雷电防护装置进行维护管理和委托检测。

雷电防护装置检测不合格的,检测单位应当提出整改意见,委托检测的单位或者个人应当根据整改意见及时整改。

第二十七条 雷电防护装置检测单位对检测合格的雷电防护装置,应当出具符合省气象主管机构规定样式的检测报告,并通过省气象主管机构检测信息化监管平台获取检测报告对应的检测标识。

市、县级有关部门在防御雷电灾害的行政许可、备案以及监督检查等工作中,应当查验相关的雷电防护装置检测报告是否具有气象主管机构规定的检测标识。

第四章 监督管理

第二十八条 市、县级气象主管机构负责下列建设工程、场所和大型项目的雷电防护装置的设计审核和竣工验收：

（一）油库、气库、弹药库、化学品仓库和烟花爆竹、石化等易燃易爆建设工程和场所；

（二）雷电易发区内的矿区、旅游景点或者投入使用的建（构）筑物、设施等需要单独安装雷电防护装置的场所；

（三）雷电风险高且没有防雷标准规范、需要进行特殊论证的大型项目。

雷电防护装置未经设计审核或者设计审核不合格的，不得施工。雷电防护装置未经竣工验收或者竣工验收不合格的，不得交付使用。

第二十九条 房屋建筑工程和市政基础设施工程雷电防护装置设计审核、竣工验收许可，纳入建筑工程施工图审查、竣工验收备案，由住房城乡建设部门监管。

房屋建筑工程和市政基础设施工程中含有油库、气库、弹药库、化学品仓库、烟花爆竹、石化等易燃易爆附属工程的，其主体工程纳入建筑工程施工图审查、竣工验收备案管理，其易燃易爆附属工程雷电防护装置的设计审核和竣工验收许可由气象主管机构负责。

公路、水路、铁路、民航、水利、电力、核电、通信等建设工程的主管部门，负责相应领域内建设工程的防御雷电灾害管理。

第三十条 市、县级气象主管机构负责对由其设计审核和竣工验收后投入使用的雷电防护装置实施安全监管；住房城乡建设、交通运输、水利、电力、通信等部门负责对本领域投入使用的雷电防护装置实施安全监管。

第三十一条 市、县级气象主管机构和住房城乡建设、交通运输、水利、电力、通信等部门应当建立信息共享和协同监管机制，及时共享雷电防护装置的施工、检测、竣工验收等信息，加强对雷电防护装置检测活动的监督管理。

第三十二条　雷电防护装置检测单位开展检测活动中不得有下列行为和情形：

（一）与检测项目的设计、施工单位以及所使用的防雷产品生产、销售单位有隶属关系或者其他利害关系；

（二）使用不符合条件的雷电防护装置检测人员；

（三）伪造、涂改、出租、出借、挂靠、转让雷电防护装置检测资质证；

（四）向监督检查机构隐瞒有关情况、提供虚假材料或者拒绝提供反映其活动情况的真实材料；

（五）转包或者违法分包雷电防护装置检测项目；

（六）无资质或者超越资质许可范围从事雷电防护装置检测；

（七）在雷电防护装置检测中弄虚作假；

（八）其他违反法律、法规及规章的行为。

雷电防护装置检测单位及其工作人员应当配合相关职能部门的监督检查工作，如实提供有关资料，不得拒绝、阻碍检查。

第三十三条　市、县级气象主管机构应当加强对雷电防护装置检测活动的质量监管，建立检测质量检查制度，定期开展检测质量检查，及时将检查结果向社会公布。

第三十四条　市气象主管机构应当将本行政区域内从事雷电防护装置检测活动的单位的名称、资质等级、主要技术人员信息、检测活动、检测质量检查结果和监督管理等信息纳入从业信息档案，建立雷电防护装置检测单位信用管理制度，按照国家规定向社会公示检测单位的行政许可、行政处罚及信用信息。

第三十五条　市、县级气象主管机构、住房城乡建设、交通运输、水利、农业农村、应急管理、工业和信息化、教育、文化广电旅游体育、城市管理和综合执法、电力、通信等部门，应当按照管行业必须管安全、管业务必须管安全、管生产经营必须管安全的要求，加强本行业防御雷电灾害工作的监督检查，督促行业相关单位落实防雷安全主体责任。

第三十六条　市、县级气象主管机构应当加强与相关行业部门的沟通协调和工作联动，强化气象为安全生产服务保障工作，加强重点行业领域防雷安全工作的联合监督检查，督促行业相关单位将防雷安全工作纳入安全生产责任制范围,预防雷电因素造成生产安全事故的发生。

第三十七条 遭受雷电灾害的单位和个人应当及时向当地气象主管机构报告灾情。气象主管机构应当会同其他有关部门组织人员开展雷电灾害调查和鉴定,提出整改措施和处理意见。雷电灾害的调查、鉴定情况按相关规定及时向同级人民政府和上级气象主管机构报告。

有关单位和个人应当协助气象主管机构和其他有关部门开展雷电灾害的调查鉴定工作,不得干扰、阻挠对雷电灾害的调查处理。

第五章 法律责任

第三十八条 各级人民政府、气象主管机构和其他有关部门及其工作人员违反本办法,未依法履行职责的,由上级机关责令改正;情节严重的,对直接负责的主管人员和其他直接责任人员依法给予处分;构成犯罪的,依法追究刑事责任。

第三十九条 违反本办法第十五条第三款的规定,擅自向社会发布雷电灾害性天气预报、预警信息的,由气象主管机构依据《气象灾害防御条例》责令改正,给予警告,可以处5万元以下的罚款;构成违反治安管理行为的,由公安机关依法给予处罚。

第四十条 违反本办法第二十六条的规定,已有雷电防护装置,拒绝进行检测或者经检测不合格又拒不整改的,由气象主管机构依据《防雷减灾管理办法》责令改正,给予警告,可以处1万元以上3万元以下罚款;给他人造成损失的,依法承担赔偿责任;构成犯罪的,依法追究刑事责任。

第四十一条 违反本办法的其他违法行为,法律、法规和规章已规定法律责任的,从其规定。

第六章 附   则

第四十二条 本办法下列用语的含义:

(一)防御雷电灾害的活动,是指防御和减轻雷电灾害的活动,包括雷电和雷电灾害的研究、监测、预警、风险评估、防护以及雷电灾害的调查、鉴定等。

（二）雷电防护装置，是指接闪器、引下线、接地装置、电涌保护器及其连接导体等构成的，用以防御雷电灾害的设施或者系统。

（三）雷电灾害风险评估，是指根据雷电特性及其致灾机理，分析雷电对评估对象的影响，提出降低风险措施的评价和估算过程。

第四十三条 本办法自 2023 年 3 月 1 日起施行。

拉萨市防雷减灾管理办法

（2007年1月4日拉萨市人民政府第13号令公布，根据2010年11月19日《拉萨市人民政府关于修改〈拉萨市商品市场管理办法〉等七项规章部分条款的决定》修正）

第一条 为防御和减轻雷电灾害，保护国家利益和人民生命财产安全，维护公共安全，促进经济建设和社会发展，根据《中华人民共和国气象法》《西藏自治区气象条例》及其他有关规定，结合本市实际，制定本办法。

第二条 在本市行政区域内从事防御和减轻雷电灾害活动（以下简称防雷减灾）的单位和个人，应当遵守本办法。

第三条 防雷减灾工作实行安全第一、预防为主、防治结合的原则。

第四条 市、县（区）气象行政主管部门，负责本行政区域内的防雷减灾管理监督工作。

第五条 市公安部门负责督促检查互联网上网服务营业场所安装防雷减灾系统的落实情况，负责对易燃易爆场所、高层建筑、古建筑防雷设施安装情况进行消防监督检查。

市建设部门负责配合建设施工项目防雷装置的竣工验收工作。

市规划部门负责配合工程项目防雷装置设计的审核工作。

市房产部门负责监督居住小区物业管理企业配合防雷装置安全检测的情况。

市安全生产监管部门负责配合对危险化学品生产经营企业的防雷设施进行监督检查。

市电力主管部门负责高压电力装置的防雷检测工作，并接受当地气象主管部门的委托和监督。

第六条 市气象行政主管部门应当加强雷电监测和雷电灾害预警服务系统的建设工作,提高防雷减灾服务能力。

第七条 下列场所或者设施,是雷电灾害的重点防御对象,应当安装相应的防雷装置:

(一)《建筑物防雷设计规范》规定的一、二、三类防雷建(构)筑物、重点文物保护单位、古树名木、物资储备仓库、露天堆场、人员密集场所;

(二)易燃易爆化学危险物品的生产或者贮存场所;

(三)电力生产装置和输配电系统、重要电气装置;

(四)信息化系统和自动监控系统;

(五)法律法规和技术规范规定的其他场所或者设施。

前款第(二)、(四)项所规定的场所或者设施,应当按规定设置相应的防静电装置。

雷电灾害重点防御对象以外的场所或者设施,应当按照国家规范的规定采取相应的防雷措施。

第八条 新建、改建、扩建的建(构)筑物,其防雷装置的设计或者施工必须符合以下规定:

(一)由具有相应防雷工程专业设计或者施工资质的单位承担,使用符合国家规定的防雷产品,并接受气象行政主管部门的监督指导;

(二)建设工程项目在城市规划部门取得《建设工程规划许可证》之前,其防雷装置设计须经气象主管部门审核;

(三)对防雷工程项目的施工实施分阶段检测。在工程项目竣工验收之前,由气象行政主管部门进行验收,验收合格后颁发防雷合格证书,未取得防雷合格证书的,建设单位不得组织竣工验收。

第九条 建设项目防雷装置的新建、改造工程以及信息化系统和自动监控系统的综合防雷工程等防雷工程的施工图设计文件,应当接受当地气象行政主管部门的设计审核,并接受当地消防部门、安全生产监管部门的监督指导。

第十条 防雷装置设计未经审核同意的,不得交付施工。

建设单位在报建前向气象主管部门提交以下材料:

（一）《防雷装置设计审核申请书》；

（二）设计说明；

（三）基础接地平面图；

（四）天面防雷平面图；

（五）均压环接地系统图；

（六）防雷施工大样图；

（七）四置图；

（八）立面图；

（九）总配电图；

（十）防雷产品说明书及有关证件；

（十一）规划报建审核、施工资质证书、焊工证复印件。

第十一条 施工单位应当按照经审查合格的防雷工程施工图设计文件进行施工，并接受气象主管部门的监督指导。

第十二条 防雷建设项目的施工应当经气象主管部门认定的单位进行防雷工程分段验收，并出具防雷工程验收报告，建设单位在竣工验收时应当将防雷工程验收报告作为该项工程竣工验收的必备条件。

第十三条 防雷装置实行竣工验收制度。防雷装置竣工验收不合格的，不得投入使用。

防雷装置竣工验收应当提交以下材料：

（一）《防雷装置竣工验收申请书》；

（二）《防雷装置设计核准书》；

（三）防雷工程专业施工单位和人员的资质证和资格证书；

（四）由省、自治区、直辖市气象主管部门认定防雷装置检测资质的检测机构出具的《防雷装置检测报告》；

（五）防雷装置竣工图等技术资料；

（六）防雷产品出厂合格证、安装记录和由国家认可防雷产品测试机构出具的测试报告。

第十四条 防雷装置竣工验收申请符合以下条件的，应当受理：

（一）防雷装置设计取得当地气象主管部门核发的《防雷装置设计核准书》；

（二）防雷工程专业施工单位和人员取得国家规定的资质和资格；

（三）申请单位提交的申请材料齐全且符合法定形式。

第十五条 防雷装置设计审核申请材料及防雷装置竣工验收申请材料不齐全或者不符合法定形式的，气象主管部门应当在收到申请材料之日起 5 个工作日内一次告知申请单位需要补正的全部内容，逾期不告知的，收到申请材料之日起即视为受理。

第十六条 气象主管许可机构应当在收到全部申请材料之日起 5 个工作日内，按照《中华人民共和国行政许可法》第三十二条的规定，作出受理或者不予受理的书面决定。对不予受理的，应当书面说明理由。

第十七条 气象主管部门应当在受理之日起 20 个工作日内作出防雷装置设计审核决定。

防雷装置设计经审核合格的，气象主管部门应当办结有关审核手续，颁发《防雷装置设计核准书》。施工单位应当按照经核准的设计图纸进行施工。在施工中需要变更和修改防雷设计的，必须按照原程序报审。

防雷装置设计审核不合格的，气象主管部门应当出具《防雷装置设计整改意见书》。整改完成后，按照原程序进行验收。

第十八条 气象主管部门应当在受理之日起 5 个工作日内作出防雷装置竣工验收决定。

防雷装置经验收合格的，气象主管部门应当办结有关验收手续，颁发《防雷装置验收合格证》。

防雷装置验收不合格的，气象主管部门应当出具《防雷装置整改意见书》。整改完成后，按照原程序进行验收。

第十九条 凡装有防雷装置的单位、个人或者业主委员会，应当做好防雷装置的日常维护管理工作，并定期接受具有相应资质的防雷装置检测机构的检测。防雷装置检测机构应当对所出具的检测数据负责。

第二十条 防雷装置检测后，检测机构应当出具检测报告，并报气象主管部门和质量技术监督部门。对不符合规范要求的，气象主管部门应当提出整改意见，相关单位应当按规定期限进行整改并进行复检。

防雷装置的定期检测为每年一次；对本办法第七条第一款第（二）项所规定的防雷装置、防静电装置，应当每半年检测一次。

第二十一条 从事建设项目防雷工程设计、施工的单位，应当持有建设行政主管部门核发的建设工程设计、施工资质证书。

从事前款规定以外的专业防雷工程设计、施工的单位，应当持有气象主管部门核发的防雷工程专业设计、施工资质证书。

对从事专业防雷工程设计或者施工的单位按照法律、法规的规定实行资质管理。对从事防雷活动的专业技术人员实行资格管理制度。

区外具备专业防雷工程设计、施工资质的单位到区内从事专业防雷工程设计、施工的，应当在自治区气象主管部门登记备案后，方可从事专业防雷工程设计、施工。

第二十二条 从事专业防雷工程设计、施工的单位，应当在其相应资质等级许可的范围内，严格按照国家和行业防雷标准规范从事防雷工程设计、施工。

禁止无防雷资质资格的单位及个人从事防雷装置的检测。

第二十三条 防雷产品应当符合国家规定的质量标准，并向自治区气象主管部门备案。

禁止销售和使用不合格或者禁用的防雷产品，气象主管部门应当定期对市场上销售的防雷产品进行检查与鉴定。

第二十四条 单位或者个人遭受雷电灾害，应当及时向当地气象主管部门报告，并协助进行灾情调查。

气象主管部门接到雷电灾害报告后，应当及时调查处理。对造成人员伤亡或者重大财产损失的，应当及时到现场进行勘察、调查，出具鉴定意见书，并通报有关部门。

第二十五条 每年年初，气象主管部门应当汇总分析上年度本地遭受雷电灾害的资料，书面报同级人民政府和上级气象主管部门。

第二十六条 单位无资质或者超越资质等级设计、施工专业防雷工程，或者私自将专业防雷工程发包给不具有相应资质等级的单位设计、施工的，由市、县（区）气象主管部门予以警告，责令限期改正；逾期不改正的，处以 5000 元以上 5 万元以下的罚款；有违法所得的，没收违法所得;给他人造成损失的,依法承担赔偿责任;构成犯罪的,移交司法机关。

第二十七条 违反本办法规定,有下列行为之一的单位,由市、县(区)气象主管部门予以警告,责令限期改正;逾期不改正的,处以5000元以上5万元以下的罚款:

(一)防雷工程设计未经气象主管部门审核或者审核不合格,擅自开工的;

(二)防雷装置未经气象主管部门验收或者验收不合格仍擅自投入使用的;

(三)已有防雷装置、防静电装置不进行定期检测或者定期检测不合格且拒绝整改的。

第二十八条 无资质单位从事防雷装置安全检测,或者检测机构未经定期审验的,由市、县(区)气象主管部门予以警告,责令限期改正;对逾期不改正的,处以1000元以上1万元以下的罚款。

第二十九条 无资格人员从事专业防雷工程设计和施工以及防雷、防静电装置检测的,由市、县(区)气象主管部门给予警告,责令限期改正;对逾期不改正的,处以2000元以上2万元以下的罚款。

第三十条 违反本办法规定或者人为破坏、损坏防雷装置,导致火灾、爆炸、人员伤亡、重大财产损失以及其他严重后果的,由主管部门给予直接责任人员和直接负责的主管人员行政处分;给他人造成损失的,依法承担赔偿责任;构成犯罪的,移交司法机关。

第三十一条 国家工作人员在防雷减灾工作中滥用职权、玩忽职守的,由其主管部门或者有权机关给予行政处分;构成犯罪的,移交司法机关。

第三十二条 本办法下列用语的含义:

(一)雷电灾害:指因直击雷、雷电感应、雷电感应的静电、雷电波侵入等造成人员伤亡、财产损失。

(二)防雷工程:指防御和减轻雷电灾害的系统装置建设项目。按其性能分为:

1. 直击雷防护工程:由接闪器(包括避雷针、带、线、网等)、引下

线、接地装置以及其他连接导体组成,具有防御直击雷性能的系统装置建设项目;

2. 感应雷防护工程:由电磁屏蔽等电位连接、共用接地网、电涌保护器以及其他连接导体组成,具有防御雷电电磁脉冲(包括雷电感应和雷电波侵入)性能的系统装置建设项目。

(三)防雷装置:指具有防御或者减少直击雷、雷电感应和雷电波侵入性能的接闪器、引下线等电位连接、接地装置、电涌保护器以及其他连接导体的系统装置。

(四)防雷产品:指由生产厂家研制、生产的用于防雷装置系统中的各类避雷针、电涌保护器等单元器件或组合器件。

第三十三条 本办法自 2007 年 2 月 1 日起施行。

普洱市雷电灾害防御管理办法

（2014 年 2 月 12 日普洱市人民政府令 2014 年第 42 号公布）

第一章 总 则

第一条 为了加强雷电灾害防御工作，规范雷电灾害管理，提高雷电灾害防御能力和水平，保护人民生命财产安全和维护公共安全，促进经济建设和社会发展，根据《中华人民共和国气象法》《气象灾害防御条例》（国务院令第 570 号）《云南省气象条例》《云南省气象灾害防御条例》和《防雷减灾管理办法》（中国气象局令第 24 号）等有关法律法规和规定，结合本市实际，制定本办法。

第二条 本办法所称雷电灾害防御（以下简称防雷减灾），是指防御和减轻雷电灾害的活动，包括对雷电灾害的监测预警、调查研究、评估鉴定和防雷活动的组织管理、风险评估、科普宣传，雷电防护工程的专业设计、施工监督、验收以及雷电防护装置（以下简称防雷装置）检测与维护等。

本办法所称的防雷装置，是指接闪器、引下线、接地装置、电涌保护器及其连接导体等构成的，用以防御雷电灾害的设施或者系统。

第三条 在本市行政区域内从事防雷减灾活动的组织和个人，应当遵守本办法。

第四条 防雷减灾工作坚持以人为本、安全第一、预防为主、防治结合的原则。

第五条 市、县（区）人民政府应当加强对防雷减灾工作的领导，建立完善防雷减灾工作体制机制，将气象主管机构列为当地城乡规划委员会和安全生产委员会成员单位，将防雷减灾工作纳入政府目标管理考核体系,列入政府安全责任考核内容,制定防雷减灾规划和应急预案并组织实施,防雷减灾工作经费纳入本级财政预算。

市、县(区)气象主管机构负责本行政区域内防雷减灾的组织管理和监督工作。

发改、财政、规划、住建、公安、商务、安全生产监督、质量技术监督、信息产业、市政公用等有关部门应当按照各自职责,协同气象主管机构做好防雷减灾有关工作。

第六条 宣传、教育部门应当配合气象主管机构广泛开展防雷知识宣传,增强公民和学生的防灾意识和自救互救能力。

机关、社会团体、企业事业单位和村(居)民委员会应当结合实际,做好本单位、本区域群众性的防雷知识宣传教育。

第七条 市、县(区)人民政府应当加强农村防雷工作,新建农村学校和村民集中居住区在选址和规划审批前应征求气象主管机构的意见。农村学校和雷电灾害风险等级较高的村民居住区应当安装防雷装置,并列入农村社会公益事业建设规划。

气象主管机构应当加强防雷减灾技术培训,会同住房和城乡建设部门推广农村住宅建设防雷安全适用技术标准,提高农村防雷减灾能力。

第八条 对在防雷减灾工作中贡献突出的单位和个人,由市、县(区)人民政府给予表彰和奖励。

第二章 防雷减灾管理

第九条 市、县(区)人民政府应当组织气象等有关部门按照合理布局、信息共享、有效利用的原则,组建雷电监测网,加强对防雷技术的研究、开发和利用。

各级气象主管机构应当加强雷电灾害预警系统的建设工作,提高雷电灾害预警和防雷减灾服务能力。

雷电灾害预报预警信息由气象主管机构所属气象台(站)统一及时向社会发布。

第十条 下列场所或者设施应当安装防雷装置:

（一）国家标准《建筑物防雷设计规范》规定的第一、二、三类防雷建（构）筑物及其附属设施；

（二）石油、化工、燃气等易燃易爆物品和有毒有害物品的生产、贮存和经营场所；

（三）风能、太阳能、水力发电、垃圾发电等设施及能源基地；

（四）电子信息系统、通信系统、电力系统、广播电视、医疗卫生、文化教育、文物保护、金融证券等公共服务设施；

（五）轨道交通、车站、机场、码头、桥梁等交通基础设施；

（六）旅游景点景区、公共娱乐活动场所及其栈道、客运索道、大型游乐设备等场所或者设施；

（七）其他国家有关技术标准、行业标准规定应当安装防雷装置的场所或者设施。

第十一条 下列区域或者建设项目应当进行雷电灾害风险评估：

（一）学校、医院、旅游景区和其他城乡雷电灾害易发区域；

（二）石油、化工、燃气等易燃易爆物品和有毒有害物品的生产、贮存和经营场所；

（三）风能、太阳能、水力发电、垃圾发电等设施及能源基地；

（四）轨道交通、车站、机场、码头、桥梁等交通基础设施；

（五）办公、住宅、大型商业等人员密集的建设工程项目；

（六）国家《建筑物防雷设计规范》规定的一、二类防雷建（构）筑物。

第十二条 建设单位或者管理单位在工程项目设计阶段，应当委托经气象主管机构认证的雷电灾害风险评估机构，对本办法第十一条规定的区域和建设项目进行雷电灾害风险评估，并编制雷电灾害风险评估报告。

雷电灾害风险评估按照国家有关规定执行。

第十三条 雷电灾害风险评估报告书作为防雷装置设计的科学依据，应当包括下列内容：

（一）项目所在地雷电活动规律和地理、地质、土壤、环境等状况；

（二）雷电灾害可能造成危害的预测、分析和评估；

（三）防御和减轻雷电灾害的建议、对策和措施；

（四）雷击风险评估结论。

第十四条 新建、改建、扩建的建（构）筑物和设施的防雷装置，应当与主体工程同时设计、同时施工。

第十五条 从事防雷工程专业设计、施工和防雷装置检测的单位，应当取得气象主管机构颁发的资质证。

从事防雷工程专业设计、施工和防雷装置检测的技术人员应当通过省级气象学会组织的培训和考试，并取得相应的资格证书。

从事防雷工程专业设计、施工和防雷装置检测应当执行国家防雷标准和技术规范。

第十六条 防雷装置设计实行审核制度。建设单位应当按照国家规定，将建设工程防雷装置设计方案报送当地气象主管机构审核。气象主管机构应当自受理申请之日起二十个工作日内完成审核；变更或者修改防雷装置设计方案，应当重新申请审核。

住房和城乡建设等有关部门对新建、改建、扩建建（构）筑物施工图设计文件进行审查时，应当与同级气象主管机构共同会审，或者就雷电防护装置的设计书面征求同级气象主管机构的意见。

经审核符合要求的防雷装置设计方案，由受理审核的气象主管机构核发《防雷装置设计核准意见书》。未经审核或审核不符合要求的建设项目，建设单位不得开工建设。

第十七条 防雷工程建设单位应当按照审核批准的设计方案进行施工，委托具备资质的防雷检测机构跟踪检测防雷隐蔽工程，工程竣工后出具《防雷装置检测报告》作为竣工验收的技术依据。

第十八条 防雷装置实行竣工验收制度。防雷工程完工后，建设单位应当向当地气象主管机构申请防雷装置竣工验收。气象主管机构应当自受理申请之日起十个工作日内完成验收工作。验收符合要求的，由气象主管机构出具《防雷装置验收意见书》。验收不符合要求的，由气象主管机构下发《防雷装置整改意见书》，建设单位整改完成后按原程序重新申请竣工验收。

建设单位对新建、改建、扩建建（构）筑物组织竣工验收时，应当邀请气象主管机构参加，同时验收防雷装置及主体工程。

防雷装置未经验收或者验收不符合要求的,防雷装置及主体工程均不得投入使用。

第十九条 防雷装置设计审核纳入市、县(区)建设项目审批流程,防雷装置竣工验收纳入市、县(区)建设项目验收备案程序。

第二十条 防雷装置中使用的防雷产品应当符合国务院气象主管机构规定的使用要求,并具有产品合格证书、使用说明书和气象主管机构的备案证明。

第三章 防雷装置检测与维护

第二十一条 投入使用后的防雷装置实行定期检测制度。一般建筑物的防雷装置应当每年检测一次,爆炸和火灾危险环境场所的防雷装置应当每半年检测一次。检测由具备资质的防雷装置检测机构进行。

第二十二条 防雷装置检测机构对防雷装置检测后,应当出具《防雷装置检测报告》,作为防雷安全监督检查的技术依据。不合格的,提出整改意见。被检测单位拒不整改或整改不合格的,防雷装置检测机构应当向当地气象主管机构报告,由当地气象主管机构依法作出处理。

防雷装置检测机构应当执行国家有关标准和规范,出具的《防雷装置检测报告》应当真实可靠。

第二十三条 防雷装置的使用单位应当建立完善雷电灾害应急预案,制定防雷安全管理制度,指定专人负责防雷装置的日常维护,及时消除安全隐患。

第二十四条 任何单位或者个人不得侵占、损毁和擅自移动防雷装置。确需移动或者拆除的,应当征得当地气象主管机构的同意。

第四章 雷电灾害防治与调查鉴定

第二十五条 市、县(区)气象主管机构应当定期统计分析本行政区域内发生的雷电灾害情况,提出防雷减灾建议,报同级人民政府和上级气象主管机构。

第二十六条 雷电灾害发生后,市、县(区)人民政府应当组织有关部门按照各自职责和应急预案的规定进行抢险救灾;乡(镇)人民政府应当组织群众开展自救互救,减少人员伤亡和财产损失。

第二十七条 市、县(区)气象主管机构应当在雷电灾害发生后及时开展雷电灾害调查和鉴定,查清雷电灾害原因和性质,提出整改措施。调查和鉴定报告应当及时上报同级人民政府和上级气象主管机构。

第二十八条 遭受雷电灾害的组织和个人,应当及时向当地气象主管机构报告,不得瞒报、谎报或者拖延不报,并协助当地气象主管机构做好雷电灾害的调查与鉴定工作。

第五章 法律责任

第二十九条 申请单位隐瞒有关情况、提供虚假材料申请资质认定、设计审核或者竣工验收的,按照《防雷减灾管理办法》第三十一条进行处理。

第三十条 违反本办法规定,侵占、损毁和擅自移动防雷装置的,按照《云南省气象灾害条例》第四十二条进行处理。

第三十一条 申请单位以欺骗、贿赂等不正当手段取得资质、通过设计审核或者竣工验收的,按照《防雷减灾管理办法》第三十二条进行处理。

第三十二条 违反本办法规定,有下列行为之一的,按照《防雷减灾管理办法》第三十三条、第三十四条进行处理。

(一)涂改、伪造、倒卖、出租、出借、挂靠资质证书、资格证书或者许可文件的;

(二)向负责监督检查的机构隐瞒有关情况、提供虚假材料或者拒绝提供反映其活动情况的真实材料的;

(三)不具备防雷装置检测、防雷工程专业设计或者施工资质,擅自从事相关活动的;

（四）超出防雷装置检测、防雷工程专业设计或者施工资质等级从事相关活动的；

（五）防雷装置设计未经当地气象主管机构审核或者审核未通过，擅自施工的；

（六）防雷装置未经当地气象主管机构验收或者未取得验收文件，擅自投入使用的。

第三十三条 违反本办法规定，有下列行为之一的，按照《防雷减灾管理办法》第三十五条进行处理。

（一）应当安装防雷装置而拒不安装的；

（二）使用不符合要求的防雷装置或者产品的；

（三）已有防雷装置，拒绝进行检测或者经检测不合格又拒不整改的；

（四）对重大雷电灾害事故隐瞒不报的；

（五）应当进行雷击风险评估而未进行的。

第三十四条 违反本办法规定，导致雷击造成火灾、爆炸、人员伤亡以及国家财产重大损失的，按照《防雷减灾管理办法》第三十六条进行处理。

第三十五条 防雷工作人员由于玩忽职守，导致重大雷电灾害事故的，按照《防雷减灾管理办法》第三十七条进行处理。

第六章 附 则

第三十六条 本办法自 2014 年 3 月 1 日起施行。

楚雄彝族自治州防雷减灾管理办法

(2012 年 9 月 28 日楚雄州人民政府令第 33 号公布)

第一条 为了防御和减轻雷电灾害,保护人民生命财产安全和维护公共安全,促进经济建设和社会发展,根据《中华人民共和国气象法》《气象灾害防御条例》《防雷减灾管理办法》《防雷装置设计审核和竣工验收规定》等法律、法规、规章的有关规定,结合本州实际,制定本办法。

第二条 本办法适用于本州行政区域内的防雷减灾管理活动。

第三条 防雷减灾工作坚持安全第一、预防为主、防治结合的原则。

第四条 州、县市人民政府应当加强对防雷减灾工作的领导,建立健全防雷减灾组织机构,并将防雷减灾工作纳入本级国民经济和社会发展规划,所需经费纳入本级财政预算。

州、县市气象主管机构在上级气象主管机构和本级人民政府的领导下,负责本行政区域内防雷减灾的组织管理工作。

州、县市人民政府承担发展改革、财政、住建、公安、安监、工业和信息化、消防、质监、城市管理职责的部门应当按照各自职责,做好防雷减灾有关工作。

第五条 气象主管机构应当加强防雷减灾科普工作,广泛开展防雷减灾知识宣传,增强公民的防雷减灾意识。

机关、学校、社会团体、企事业单位和村(居)民委员会应当结合实际,做好本单位、本区域群众性的防雷减灾知识宣传教育。

第六条 气象主管机构应当组织对防雷技术和雷电监测预警系统的研究和推广应用。鼓励单位、个人开展防雷科学技术和防雷新产品的研究开发,提高防雷技术水平。

第七条 气象主管机构应当建立健全雷电灾害监测、预警系统和工作规范,气象台(站)应当开展雷电监测,及时向社会发布雷电预警信息。

任何单位和个人不得侵占、损毁或者擅自移动雷电监测和预警设施,不得危害雷电监测的探测环境。

第八条 新建、改建、扩建工程的防雷装置,应当符合城市规划要求,并与主体工程同时设计、同时施工、同时投入使用。

第九条 专业从事防雷装置设计、施工、检测的单位,应当取得省级以上气象主管机构颁发的资质证。

安装的防雷装置应当符合国务院气象主管机构规定的使用要求。防雷装置的设计应当符合国家有关技术标准和规范;行业标准有更严格规定的,还应当符合行业标准。

禁止无资质或者超出资质范围从事防雷工程专业设计、施工或者防雷装置检测。

第十条 防雷装置设计实行审核制度。建设单位应当将建设工程防雷装置设计文件和相关材料报送当地气象主管机构审核。气象主管机构审核后,出具《防雷装置设计核准意见书》。

未经审核或者未取得《防雷装置设计核准意见书》的防雷装置设计方案,不得交付施工。

第十一条 下列建(构)筑物和设施的防雷装置应当办理设计审核和竣工验收:

(一)《建筑物防雷设计规范》规定的一、二、三类防雷建筑物;

(二)油库、气库、加油加气站、液化天然气、油(气)管道站场、阀室等爆炸和火灾危险环境及设施;

(三)邮电通信、交通运输、广播电视、医疗卫生、金融证券、文化教育、不可移动文物、体育、旅游、游乐场所、电力生产和输配电设施等社会公共服务场所和设施以及各类电子信息系统;

(四)法律、法规、规章和防雷技术规范规定应当安装防雷装置的其他场所和设施。

第十二条 防雷装置建设单位应当按照审核批准的设计方案进行施工,并委托具有相应资质的防雷检测机构逐项检测。检测合格的,出具《防雷装置检测报告》作为竣工验收的技术依据。

第十三条 防雷装置竣工后,建设单位应当向当地气象主管机构申请竣工验收。经验收符合要求的,气象主管机构应当办结有关验收手续,出具《防雷装置验收意见书》;验收不符合要求的,气象主管机构应当出具《防雷装置整改意见书》,建设单位整改完成后按照原程序申请验收。

防雷装置竣工验收应当与建设工程验收同时进行。

未经验收或者验收不合格的,防雷装置不得投入使用。

第十四条 投入使用后的防雷装置实行定期检测制度。防雷装置应当每年检测一次,对爆炸和火灾危险环境场所的防雷装置应当每半年检测一次。

已安装防雷装置的单位或者个人应当主动委托有相应资质的防雷装置检测机构进行定期检测,并接受当地气象主管机构和安全生产管理部门的管理和监督检查。

第十五条 防雷检测机构检测发现防雷装置存在安全隐患的,应当及时通知委托单位,提出整改建议,并向气象主管机构报告。

拒不整改或者整改不合格的,由气象主管机构责令限期整改。

第十六条 防雷装置使用单位应当指定专人负责防雷装置的日常维护,及时排除事故隐患。

任何单位和个人不得损毁防雷装置。

第十七条 在本州行政区域销售、使用的防雷产品,应当在省气象主管机构备案。

禁止销售、使用未经备案的防雷产品。

第十八条 下列项目应当进行雷电灾害风险评估:

(一)大型建设工程、重点工程、爆炸和火灾危险环境、人员密集场所等项目;

(二)法律、法规、规章规定应当进行雷电灾害风险评估的其他项目。

第十九条 雷电灾害风险评估应当符合下列规定:

(一)使用的气象资料符合气象主管机构的规范和要求;

（二）有气象主管机构、防雷检测机构等相关部门参加评估；

（三）雷电灾害风险评估完成后，形成雷电灾害风险评估报告书，评估报告书应当包括下列内容：

1. 项目所在地雷电活动规律和地理、地质、土壤、环境等状况；

2. 雷电灾害可能造成危害的预测、分析和评估；

3. 防御和减轻雷电灾害的建议、对策和措施；

4. 雷电灾害风险评估结论。

雷电灾害风险评估结论作为建设项目的可行性论证、设计的技术依据。

第二十条 遭受雷电灾害的单位和个人，应当及时向当地气象主管机构和有关部门报告。

任何单位和个人不得瞒报、谎报或者拖延不报雷电灾害情况。

第二十一条 雷电灾害发生地的县市人民政府及其有关部门应当按照各自职责和应急预案组织抢险救灾；乡镇人民政府和村（居）民委员会应当立即组织群众开展自救，减少人员伤亡和财产损失。

第二十二条 雷电灾害发生地的气象主管机构应当及时开展雷电灾害调查和鉴定，查清雷电灾害原因，并提出整改措施。

调查和鉴定报告应当及时报同级人民政府和上级气象主管机构。

第二十三条 州、县市人民政府对在防雷减灾工作中做出突出贡献的单位和个人，给予表彰奖励。

第二十四条 违反本办法规定的，依照《中华人民共和国气象法》《气象灾害防御条例》《防雷减灾管理办法》等法律、法规、规章的规定予以处罚；构成犯罪的，依法追究刑事责任。

第二十五条 本办法自发布之日起施行。

西安市防雷减灾管理办法

（2008 年 1 月 8 日西安市人民政府令第 68 号公布，根据 2017 年 12 月 26 日西安市人民政府《关于修改和废止部分政府规章的决定》第一次修订，根据 2020 年 12 月 31 日西安市人民政府《关于修改和废止部分市政府规章的决定》第二次修订）

第一条 为了防御和减轻雷电灾害，规范防雷减灾活动，保护国家和人民生命财产安全，促进经济社会发展，依据《中华人民共和国气象法》《陕西省气象条例》和有关法律法规规定，结合本市实际，制定本办法。

第二条 在本市行政区域内从事防雷减灾活动的组织和个人，应当遵守本办法。

第三条 市气象主管机构在上级气象主管机构和本级人民政府的领导下，负责全市防雷减灾管理工作，并具体组织实施新城区、碑林区、莲湖区、雁塔区、未央区的防雷减灾工作。

灞桥区、临潼区、阎良区、长安区、高陵区、鄠邑区及市辖县气象主管机构，负责组织实施本行政区域内的防雷减灾工作。

应急、资源规划、住建、市场监管等行政管理部门应当按照各自职责做好防雷减灾工作。

第四条 防雷减灾工作实行预防为主、防治结合的方针。

第五条 区县人民政府应当加强对防雷减灾工作的领导，做好雷电监测预报预警技术和雷电防护技术的研究和推广，提高雷电灾害防御和应急处置能力。

第六条 气象主管机构所属气象台（站）负责雷电灾害的监测、预报、预警业务，制作和发布本行政区域内的雷电天气、雷击落区和危害等级的预报和警报信息。

第七条　下列易遭受雷电灾害的建(构)筑物、设施或场所应,当安装防雷装置:

(一)《建筑物防雷设计规范》划定的一、二、三类防雷建(构)筑物;

(二)易燃易爆物品和其他危险化学品的生产和储存场所以及体育、旅游、游乐等场所;

(三)邮电通信、电力生产、交通运输、广播电视、电子信息系统、金融证券、医疗卫生、文化教育、文物保护等社会公共服务设施;

(四)按照有关规定应当安装防雷装置的其他场所或设施。

第八条　从事防雷装置检测的组织,应当取得相应的资质。

禁止无资质或超出资质规定范围从事防雷装置检测。

第九条　建(构)筑物、其他设施或场所应当按照国家防雷设计技术标准和规范进行防雷装置设计。

第十条　防雷装置设计实行审核制度。建设单位应当按照下列规定报送防雷装置设计图纸和有关资料,审核未通过的,应当进行修改并重新报送:

(一)油库、气库、弹药库、化学品仓库、烟花爆竹、石化等易燃易爆建设工程和场所,雷电易发区内的矿区、旅游景点或者投入使用的建(构)筑物、设施等需要单独安装雷电防护装置的场所,以及雷电风险高且没有防雷标准规范、需要进行特殊论证的大型项目,向当地气象主管机构报送;

(二)房屋建筑工程、市政基础设施工程,向住房建设行政主管部门报送;

(三)公路、水路、铁路、民航、水利、电力、核电、通信等专业建设工程,向各专业部门报送。

第十一条　安装防雷装置应当按照核准的防雷装置设计进行施工,并接受防雷装置检测机构的随工检测。

第十二条　防雷装置竣工实行验收制度。防雷装置竣工并取得竣工检测报告后,建设单位应当按照本办法第十条的规定,向相关部门申请竣工验收,验收不合格的,不得投入使用。

建(构)筑物的防雷工程竣工验收资料纳入城市建设档案管理。

第十三条　防雷装置实行定期检测制度。易燃、易爆、危险化学品场所的防雷装置每半年检测一次,其他场所的防雷装置每年检测一次。防雷装置经检测不合格的,应当进行整改。

第十四条　防雷装置检测机构应当按照国家或行业防雷技术规范进行检测并出具检测报告,检测数据应当真实、准确,不得遗漏检测项目,不得出具虚假检测报告。

第十五条　因雷电造成火灾、爆炸、人员伤亡和财产损失的,有关单位或个人应当及时向气象主管机构报告灾情,并协助进行雷电灾害的调查、鉴定。

第十六条　违反本办法规定,安装的防雷装置未按照国家规定进行设计审核或者竣工验收的,由气象主管机构或者其他有关部门按照权限责令停止违法行为,处 5 万元以上 10 万元以下罚款;有违法所得的,没收违法所得;给他人造成损失的,依法承担赔偿责任。法律、法规对处罚另有规定的,从其规定。

第十七条　对当事人处以 2 万元以上罚款的,当事人有权要求举行听证。

第十八条　防雷工作人员在防雷减灾工作中滥用职权、徇私舞弊、玩忽职守造成重大损失的,依法给予处分;构成犯罪的,由司法机关依法追究刑事责任。

第十九条　本办法所称的随工检测,是指在施工阶段对竣工后无法进行检测的防雷装置关键部位进行的检测。

本办法所称竣工检测,是指在验收阶段对防雷装置做最后的测量,并编制最终的测试文件。

第二十条　本办法自 2008 年 2 月 8 日起施行。

政策文件

国务院关于优化建设工程
防雷许可的决定

(国发〔2016〕39号)

各省、自治区、直辖市人民政府,国务院各部委、各直属机构:

根据简政放权、放管结合、优化服务协同推进的改革要求,为减少建设工程防雷重复许可、重复监管,切实减轻企业负担,进一步明确和落实政府相关部门责任,加强事中事后监管,保障建设工程防雷安全,现作出如下决定:

一、整合部分建设工程防雷许可

(一)将气象部门承担的房屋建筑工程和市政基础设施工程防雷装置设计审核、竣工验收许可,整合纳入建筑工程施工图审查、竣工验收备案,统一由住房城乡建设部门监管,切实优化流程、缩短时限、提高效率。

(二)油库、气库、弹药库、化学品仓库、烟花爆竹、石化等易燃易爆建设工程和场所,雷电易发区内的矿区、旅游景点或者投入使用的建(构)筑物、设施等需要单独安装雷电防护装置的场所,以及雷电风险高且没有防雷标准规范、需要进行特殊论证的大型项目,仍由气象部门负责防雷装置设计审核和竣工验收许可。

(三)公路、水路、铁路、民航、水利、电力、核电、通信等专业建设工程防雷管理,由各专业部门负责。

二、清理规范防雷单位资质许可

取消气象部门对防雷专业工程设计、施工单位资质许可;新建、改建、扩建建设工程防雷的设计、施工,可由取得相应建设、公路、水路、铁路、民航、水利、电力、核电、通信等专业工程设计、施工资质的单位承担。同时,规范防雷检测行为,降低防雷装置检测单位准入门槛,全面开放防雷装置检测市场,允许企事业单位申请防雷检测资质,鼓励社会组织和个人参与防雷技术服务,促进防雷减灾服务市场健康发展。

三、进一步强化建设工程防雷安全监管

(一)气象部门要加强对雷电灾害防御工作的组织管理,做好雷电监测、预报预警、雷电灾害调查鉴定和防雷科普宣传,划分雷电易发区域及其防范等级并及时向社会公布。

(二)各相关部门要按照谁审批、谁负责、谁监管的原则,切实履行建设工程防雷监管职责,采取有效措施,明确和落实建设工程设计、施工、监理、检测单位以及业主单位等在防雷工程质量安全方面的主体责任。同时,地方各级政府要继续依法履行防雷监管职责,落实雷电灾害防御责任。

(三)中国气象局、住房城乡建设部要会同相关部门建立建设工程防雷管理工作机制,加强指导协调和相互配合,完善标准规范,研究解决防雷管理中的重大问题,优化审批流程,规范中介服务行为。

建设工程防雷许可具体范围划分,由中国气象局、住房城乡建设部会同中央编办、工业和信息化部、生态环境部、交通运输部、水利部、国务院法制办、国家能源局、国家铁路局、中国民航局等部门研究确定并落实责任,及时向社会公布,2016年底前完成相关交接工作。相关部门要按程序修改《气象灾害防御条例》,对涉及的部门规章等进行清理修订。国务院办公厅适时组织督查,督促各部门、各地区在规定时限内落实改革要求。

本决定自印发之日起施行,已有规定与本决定不一致的,按照本决定执行。

中国气象局等 11 部委关于贯彻落实《国务院关于优化建设工程防雷许可的决定》的通知

（气发〔2016〕79 号）

各省（区、市）气象局、住房城乡建设厅、编办、工业和信息化主管部门、通信管理局、环境保护厅、交通运输厅、水利厅、法制办、能源局、地区铁路监管局、民航局：

为贯彻《国务院关于优化建设工程防雷许可的决定》（国发〔2016〕39 号，以下简称《决定》）精神，明确和落实相关责任，保障建设工程防雷安全，现将有关事项通知如下：

一、整合部分建设工程防雷许可

（一）将气象部门承担的房屋建筑工程和市政基础设施工程防雷装置设计审核、竣工验收许可工作，整合纳入建筑工程施工图审查、竣工验收备案，统一由住房城乡建设部门监管，气象部门不再承担相应的行政许可和监管工作。

（二）公路、水路、铁路、民航、水利、电力、核电、通信等专业建设工程防雷管理，由各专业部门负责。气象部门不再承担相应防雷装置设计审核、竣工验收行政许可和监管工作。

（三）气象部门负责防雷装置设计审核和竣工验收许可的建设工程具体范围包括：油库、气库、弹药库、化学品仓库、民用爆炸物品、烟花爆竹、石化等易燃易爆建设工程和场所；雷电易发区内的矿区、旅游景点或者投入使用的建（构）筑物、设施等需要单独安装雷电防护装置的场所;雷电风险高且没有防雷标准规范、需要进行特殊论证的大型项目。

各省(区、市)气象局要会同当地住房城乡建设厅、编办、工业和信息化主管部门、通信管理局、环境保护厅、交通运输厅、水利厅、法制办、能源局、地区铁路监管局、民航局,结合本省实际,做好建设工程防雷许可细化,向社会公布,并纳入建设工程行政审批流程。

二、做好建设工程防雷许可整合后的工作衔接

(一)各级气象部门与住房城乡建设部门要在 2016 年 12 月 31 日前完成相关交接工作,具体交接日期根据各地工作实际商定。自交接之日起,各级气象部门不再受理房屋建筑工程和市政基础设施工程防雷装置设计审核和竣工验收审批申请,由住房城乡建设部门纳入建筑工程施工图审查、竣工验收备案。交接之日前,气象部门已受理的防雷装置设计审核和竣工验收审批,原则上仍由气象部门完成。

(二)公路、水路、铁路、民航、水利、电力、核电、通信等部门要于 2016 年底前完成各自专业建设工程防雷许可优化整合工作。

三、清理规范防雷单位资质许可

取消气象部门对防雷工程设计、施工单位资质许可,新建、改建、扩建建设工程防雷的设计、施工,可由取得相应建设、公路、水路、铁路、民航、水利、电力、核电、通信等专业工程设计、施工资质的单位承担。同时,规范防雷检测行为,降低防雷装置检测单位准入门槛,全面开放防雷装置检测市场,允许企事业单位申请防雷检测资质,鼓励社会组织和个人参与防雷技术服务,促进防雷减灾服务市场健康发展。

四、加强协调配合,落实防雷安全监管责任

(一)地方各级政府要继续依法履行防雷监管职责,落实雷电灾害防御责任,并将防雷减灾工作纳入各级政府安全生产监管体系,确保建设工程防雷安全。

(二)各级气象部门要加强对雷电灾害防御工作的组织管理,做好雷电监测、预报预警、雷电灾害调查鉴定和防雷科普宣传。各省(区、市)气象局根据本地雷电监测历史资料划分雷电易发区域及其防范等级。

（三）各相关部门要按照谁审批、谁负责、谁监管的原则，切实履行建设工程防雷监管职责，采取有效措施，明确和落实建设工程设计、施工、监理、检测单位以及业主单位等在防雷工程质量安全方面的主体责任。

（四）建立建设工程防雷管理协调会议制度（成员名单与协调会议方案见附件1和附件2①），加强各相关部门的协调和相互配合，完善标准规范和工作流程，对于防雷管理中的重大问题要通过协调会议研究解决。

（五）相关部门要按程序修改《气象灾害防御条例》，对涉及的部门规章等进行清理修订。

---

① 编者注：此处略。